O EFEITO COVID-19

E A **TRANSFORMAÇÃO** DA COMUNIDADE ESCOLAR

Copyright © Leo Fraiman, 2020
Copyright © Erlei Sassi Jr., 2020
Copyright © Fernanda Martins Sassi, 2020
Copyright © Christian Rocha Coelho, 2020
Copyright © Wagner Sanchez, 2020
Copyright © Claudia Christ, 2020
Copyright © Pedro Marques Lopes Pontes, 2020
Reprodução proibida: Art. 184 do Código Penal e Lei 9.610 de 19 de fevereiro de 1998.
Todos os direitos reservados à Editora FTD S.A.
Rua Rui Barbosa, 156 – Bela Vista – São Paulo – SP
CEP 01326-010 – Tel. 0800 772 2300
Caixa Postal 65149
CEP da Caixa Postal 01390-970
www.ftd.com.br central.relacionamento@ftd.com.br

DIRETOR-GERAL
Ricardo Tavares de Oliveira

DIRETOR ADJUNTO
Cayube Galas

GERENTE EDITORIAL
Isabel Lopes Coelho

EDITORA
Rosa Visconti Kono

EDITORA ASSISTENTE
Gislene Rodrigues

DIRETOR DE OPERAÇÕES E PRODUÇÃO GRÁFICA
Reginaldo Soares Damasceno

Produção gráfica
FTD GRÁFICA & LOGÍSTICA
EDUCAÇÃO
Avenida Antônio Bardella, 300 – 07220-020 GUARULHOS (SP)
Fone: (11) 3545-8600 e Fax: (11) 2412-5375

A comunicação impressa e o papel têm uma ótima história ambiental para contar

www.twosides.org.br

 GRUPO AUTÊNTICA

Nenhuma parte desta publicação poderá ser reproduzida, seja por meios mecânicos, eletrônicos, seja via cópia xerográfica, sem a autorização prévia das editoras.

Belo Horizonte
Rua Carlos Turner, 420, Silveira, 31140-520
Belo Horizonte, MG, Tel.: (55 31) 3465 4500

São Paulo
Av. Paulista, 2.073, Conjunto Nacional, Horsa I
23º andar, Conj. 2301, Cerqueira César
01311-940, São Paulo, SP, Tel.: (55 11) 3034 4468

EDITORA RESPONSÁVEL
Rejane Dias

REVISÃO
Felipe Magalhães

CAPA E PROJETO GRÁFICO
Diogo Droschi

DIAGRAMAÇÃO
Waldênia Alvarenga

IMAGEM DE CAPA
Acongar/Shutterstock

Dados Internacionais de Catalogação na Publicação (CIP)
(Câmara Brasileira do Livro, SP, Brasil)

O efeito Covid-19 e a transformação da comunidade escolar / Leo Fraiman ... [et al.]. — 1. ed. — São Paulo : FTD : Autêntica, 2020.

Outros autores : Erlei Sassi Jr., Fernanda Martins Sassi, Christian Rocha Coelho, Wagner Sanchez, Claudia Christ, Pedro Marques Lopes Pontes

ISBN (Autêntica) 978-65-88239-91-9
ISBN (FTD) 978-65-5742-150-5

1. COVID-19 - Pandemia 2. Educação (Administração escolar) 3. Família 4. Isolamento social 5. Sustentabilidade econômica I. Sassi Jr., Erlei. II. Sassi, Fernanda Martins. III. Coelho, Christian Rocha. IV. Sanchez, Wagner. V. Christ, Claudia. VI. Pontes, Pedro Marques Lopes.

20-48141   CDD-371.207

Índice para catálogo sistemático:
1. Administração escolar : Planejamento : Educação   371.207

Aline Graziele Benitez - Bibliotecária - CRB-1/3129

LEO FRAIMAN | ERLEI SASSI JR. | FERNANDA MARTINS SASSI
CHRISTIAN ROCHA COELHO | WAGNER SANCHEZ
CLAUDIA CHRIST | PEDRO MARQUES LOPES PONTES

O EFEITO
COVID-19

E A **TRANSFORMAÇÃO** DA COMUNIDADE ESCOLAR

autêntica

SUMÁRIO

1 Escola e família:
parceria para enfrentar os novos tempos | p. 9

Breve olhar sobre o passado e o futuro | p. 12

Principais desafios da relação escola-família | p. 17

Medos, dores e dificuldades da família atual | p. 27

Expectativa dos pais no desempenho
escolar dos filhos | p. 34

Competências socioemocionais na sala de aula e
na sala de casa | p. 38

Escola e família de mãos dadas | p. 48

2 Protocolos de convivência:
segurança para a volta às aulas presenciais | p. 51

Aspectos socioemocionais | p. 51

Como equacionar o relacionamento
físico e emocional? | p. 60

Cuidados e recomendações de saúde para
a volta às aulas presenciais | p. 69

Conscientização de educadores,
alunos e familiares | p. 80

3 Sustentabilidade financeira das instituições de ensino:
mudança de comportamentos e valores | p. 83

Um novo planejamento para um novo mundo | p. 86

Pesquisa de retomada | p. 85

Posicionamento estratégico | p. 90

Financeiro | p. 105

Criatividade para adaptar-se às mudanças e inovar no mercado educacional | p. 115

A criatividade é o caminho | p. 130

4 Tecnologia e educação:
aliadas para uma aprendizagem significativa | p. 131

É possível mudar | p. 133

A tão sonhada transformação digital | p. 135

As *edtechs* vão substituir as escolas? | p.138

Inovar ou desaparecer | p. 140

Mudar pode doer | p. 144

Novos conceitos | p. 145

A tecnologia como grande aliada | p. 151

O que se pode aprender com tudo isso? | p. 185

Wrap up – Para concluir | p. 189

5 **Tendências para o futuro:**
o "novo normal" que desejamos | p. 191

A sociedade em um novo contexto | p. 197

O "novo normal" e o mercado de trabalho | p. 197

Papel das tecnologias digitais
no mundo pós-Covid-19 | p. 211

O impacto da pandemia nas diferentes gerações | p. 212

Inovação como alavanca na construção
do "novo normal" | p. 213

A transformação da indústria | p. 215

A nova realidade da educação | p. 216

Conexão aluno-escola | p. 219

Desenvolvimento tecnológico e a vacina | p. 228

Está em nossas mãos | p. 229

Bibliografia | p. 231

CAPÍTULO 1

Escola e família:
Parceria para enfrentar os novos tempos

Leo Fraiman[1]
Colaboração: *Mariana Gonçalo*

O mundo contemporâneo está se tornando cada vez mais complexo. Isso não significa dizer que está se tornando melhor ou pior, mas, sim, que a maneira de viver, as escolhas a serem feitas, os problemas a serem enfrentados e a busca de soluções configuram um emaranhado de informações, conhecimentos, possibilidades e direções.

Para o sociólogo francês Edgar Morin, é essencial reconhecer que o ser humano e, consequentemente, a sociedade são unidades complexas. Em sua obra *Os sete saberes necessários à educação do futuro*, ele argumenta que o indivíduo é formado pelos aspectos biológico, psíquico, social, afetivo e racional, e a sociedade é constituída por dimensões diversas, como histórica, econômica, sociológica e religiosa. Portanto, os desafios próprios do mundo atual são complexos também e só podem ser analisados de um ponto de vista que leve a complexidade em consideração.

---

[1] **Leo Fraiman** é psicoterapeuta, educador, escritor e palestrante. Bacharel em Psicologia, especialista em Psicologia Escolar e mestre em Psicologia Educacional e do desenvolvimento humano pela Universidade de São Paulo (USP), atua também como orientador familiar e profissional. Criador da metodologia OPEE – Projeto de Vida e atitude empreendedora (FTD) e autor de diversas obras, como *A Síndrome do Imperador, Que valor você dá para sua família?* (FTD/Autêntica) e *Superação e equilíbrio emocional: 35 caminhos para enfrentar os novos tempos* (Gutenberg).

As questões comuns a toda a humanidade, como as relacionadas à saúde e às desigualdades, são exemplos dessa complexidade, uma vez que não há uma solução única ou pronta.

Os desafios globais pelos quais o mundo tem passado nos últimos tempos têm atingido especialmente a saúde mental das pessoas. Ao analisar os dados mais de perto, é possível constatar que as condições de saúde mental são responsáveis por uma parcela significativa da carga global de doenças e lesões em pessoas na faixa etária de 10 a 19 anos, que metade de todas as condições de saúde mental começa aos 14 anos de idade, porém, a maioria dos casos não é detectada nem tratada, e que a depressão tem sido uma das principais causas de doença e incapacidade entre adolescentes[2] e também no mundo.[3]

Em 2018, a Organização Pan-Americana da Saúde (OPAS) publicou um relatório sobre os transtornos mentais na região das Américas em que apresenta os transtornos depressivos e de ansiedade como as maiores causas de incapacidade e reconhece a saúde mental como uma prioridade global de saúde e desenvolvimento econômico.[4]

Um exemplo atual desse desafio global é a pandemia da Covid-19, que provocou a necessidade de isolamento social e trouxe tantas inseguranças e incertezas, bem como debates e busca de soluções para aspectos econômicos, sociais, educacionais e também na área da saúde, desde os processos e as inovações na produção de vacinas até o estudo das repercussões na saúde mental das pessoas, com dados que serão coletados inclusive anos mais tarde. A pandemia também escancarou e potencializou desafios antigos da realidade brasileira, tais como aqueles ligados à desigualdade social, às condições de trabalho precárias para muitos trabalhadores, ao discernimento de prioridades, entre outros.

---

[2] Disponível em: https://livro.pro/e7q3w2. Acesso em: 7 jul. 2020.

[3] Disponível em: https://livro.pro/9poe7m. Acesso em: 7 jul. 2020.

[4] Disponível em: https://livro.pro/jor933. Acesso em: 7 jul. 2020.

Ao mesmo tempo que é possível observar um aumento de questões preocupantes, nota-se também um movimento de pessoas e instituições que se mobilizam por causas que consideram importantes, seja por iniciativa própria, seja para atender a seu público que tem se tornado cada vez mais exigente, optando por produtos e serviços de marcas e empresas que se posicionam diante de questões de sustentabilidade ambiental e social e atuam com base em seus valores.[5]

A interconexão e a facilidade de acesso à informação dos novos tempos geram transformações, o que pode nos levar a questionar de maneira dualista: o mundo ou a forma como vivemos hoje é melhor ou pior em relação a outros tempos? Mas é preciso cautela com esse tipo de pensamento. Afinal, transformações podem trazer alegrias e desafios, avanços e retrocessos. Dependendo da perspectiva em que se observa a realidade, é possível encontrar exemplos inspiradores, soluções inovadoras, cooperação e comunidades unidas em torno de causas comuns, ou notar individualismo, angústia, solidão, questões relacionadas a novas doenças e ao envelhecimento que em outras eras, quando a expectativa de vida era bem mais baixa, não existiam, além dos desafios ambientais que hoje são enfrentados em função de hábitos que cultivamos e que impactam direta ou indiretamente o meio ambiente. Novos tempos carregam consigo novos desafios e a busca por novas soluções.

Com isso, adultos que estão na dianteira da formação das futuras gerações têm uma missão significativa, que inclui apresentar maneiras de lidar com a complexidade do mundo atual, com as incertezas colocadas pela vida, como fazer melhores escolhas e tomar decisões mais assertivas. A aliança entre escola e família não é uma alternativa, mas uma necessidade que impera para que se possa nortear, não determinar, o desenvolvimento e o futuro de crianças e jovens.

---

[5] Pesquisa global da Accenture Strategy, 2018, realizada com quase 30 mil consumidores em 35 países. Disponível em: https://livro.pro/qubv6c. Acesso em: 7 jul. 2020.

Novos tempos pedem novas habilidades e competências, que não podem ser desenvolvidas apenas pela escola, mas, sim, por instâncias diversas e ao longo de um processo constante e contínuo, que não está circunscrito à vida escolar. Diante da complexidade do ser humano e do mundo atual, é essencial compreender que o aprimoramento de habilidades e competências e a busca por soluções não pode ocorrer de maneira única ou isolada.

Nesse contexto, será abordada a importância da aproximação entre escolas e famílias, seus desafios e possíveis encaminhamentos e como uma relação de parceria e cooperação pode ser eficaz. Isso não significa concordância absoluta ou convergência em todos os assuntos, mas, ao contrário, a possibilidade de lidar com a diversidade de ideias, posicionamentos e perspectivas e integrá-las, buscando soluções e horizontes inéditos. As principais inquietações das famílias quanto à educação dos filhos, sejam crianças ou jovens, e a ânsia por serem bem-sucedidas neste papel também serão discutidas mais à frente.

Breve olhar sobre o passado e o futuro

Sabe-se que a futurologia, ou o estudo do porvir, é uma atividade sempre dinâmica. Raramente se consegue prever com exatidão como será a vida em um futuro distante. Isso porque, como o ser humano é complexo e o futuro depende das escolhas e oportunidades de bilhões de pessoas, a história tem saltos, mudanças abruptas e repentinas que alteram tudo o que se entendia como certo até um dado momento.

A questão é que, se tempos atrás o período de 1 ano era considerado curto prazo e o período de 10 anos era tido como longo prazo, hoje este horizonte temporal é visto de outra maneira. Tentar fazer previsões para 5 anos tornou-se difícil, especialmente quando se tem pela frente grandes desafios e perspectivas de mudanças climáticas, tecnológicas, sociais e tantas outras a serem equacionadas em escala local e global.

Aliás, um dos fatores que tira a pessoa do eixo é justamente isso: a anomia, expressão usada pelos estudiosos de ciências sociais e comportamentais que se refere à dificuldade que se sente hoje de entender o mundo, de saber para onde se está indo, o que fazer com a vida e como pautar as escolhas, desde as mais simples até as mais complexas. Uma sensação de bagunça, vertigem, confusão, desordem é o que caracteriza períodos de anomia.

Esse cenário já foi vivido diversas vezes na história, dentre as quais é possível destacar a Revolução Industrial (1760-1840), que promoveu na Europa intensas mudanças nos séculos XVIII e XIX, ocasionadas pelas transformações no modo de produzir, comercializar e se relacionar. O trabalho de confecção de peças de vestuário, maquinário e tantos outros, que eram em sua maioria feitos à mão, passou a ser fabricado em larga escala. A vida preponderantemente campestre foi sendo pouco a pouco modificada pela ocupação das cidades, que passavam a oferecer melhores salários e oportunidades.

Essas mudanças não aconteceram de forma suave, bem ao contrário. Há relatos de manifestações diretas e boicotes indiretos às máquinas, que eram tidas como inimigas do modo natural de ser e viver. Medidas numéricas, contabilidade, cálculos "frios" passaram a integrar algo que até então pertencia ao campo da natureza, do singular, do humano. Até então, trabalhava-se até o final da tarde ou até o pôr do sol, mas com o surgimento do relógio que fazia a marcação do tempo de modo mecânico, a jornada diária passou a ser ampliada e controlada pelas horas. Na Suíça, por exemplo, muitas pessoas festejaram a criação dos primeiros relógios, mas outras protestaram por entenderem que a invenção era um dos sinais da exploração do proletariado na época.

A Segunda Revolução Industrial ocorreu no período entre a segunda metade do século XIX até meados do XX, com a chegada da Segunda Grande Guerra (1939-1945). O uso de energias como a elétrica e a petrolífera deu impulso a uma intensificação das produções fabris, elevando os lucros e potencializando o alcance de grandes corporações. Novos ritmos de trabalho, novas profissões e novos estilos de vida começaram a surgir. Grandes magazines na

Europa passaram a vender, além de itens de necessidade, aquilo que não era essencial, mas que rapidamente se tornava desejado pelas pessoas, especialmente por meio de ações mais intensas de propaganda e *marketing*.

A terceira onda de revoluções industriais deu-se a partir de meados do século XX, após a Segunda Guerra Mundial, até recentemente, e é conhecida também como Revolução Técnico-Científica-Informacional. Indústrias foram reinventadas, aprimoradas, novas tecnologias passaram a ser incorporadas à produção, estoque, controles, vendas e entregas. O desenvolvimento científico foi largamente aplicado em melhorias das mais diversas áreas, da medicina à fabricação de carros, móveis e eletrodomésticos.

Não é mera coincidência que períodos de guerras sejam seguidos por revoluções tecnológicas, fabris e científicas. O desejo de conquistar novos territórios ou a necessidade de se defender dos invasores podem gerar mudanças intensas em áreas diversas, não apenas às ligadas especificamente à guerra. Após a Segunda Guerra Mundial, por exemplo, a criação de uma série de máquinas para facilitar a vida doméstica foi impulsionada pela chegada das mulheres ao ambiente de trabalho, seja para atraí-las de volta ao lar, seja para facilitar a vida de famílias em que apenas as mulheres cuidavam dos filhos por terem perdido os maridos nos combates.

Como é possível notar, mudanças não trazem sempre aspectos negativos. Aliás, a roda da vida não para e com ela sempre há luz e sombra, perdas e ganhos, e é preciso educar o olhar para enxergar para além das dificuldades e dores de cada tempo histórico. Ver a vida em perspectiva permite às famílias, por exemplo, encontrar alguma serenidade e sabedoria para educar os filhos de modo a inspirá-los a se apropriarem de seu futuro de forma protagonista. Se eles crescem vendo os pais[6] sendo resistentes às

---

[6] O termo "pais" neste capítulo refere-se a pai e mãe e também aos adultos responsáveis pela criança ou jovem.

mudanças ou ressentidos pelo que ocorre na vida, é mais provável que adotem essa mesma postura diante dos desafios, o que pode culminar em apatia e atitude evitativa, que é o contrário da proatividade e da autorresponsabilidade.

As mudanças são contínuas, não cessam. Estamos diante da Quarta Revolução Industrial e nos sentimos perplexos com o cenário à nossa frente. A pandemia da Covid-19 acelerou exponencialmente uma série de mudanças que já estavam acontecendo em diversos setores da vida.

Por exemplo, a digitalização do mundo, que traz uma série de novidades ao dia a dia das pessoas, foi intensificada. Muitos gestores que antes torciam o nariz para a ideia de terem seus colaboradores trabalhando de casa, o famoso *home office*, tiveram que se adaptar e aprender não somente a delegar, confiar, manter laços, mas também aprender, eles próprios, a lidar com a tecnologia.

Passados os primeiros meses de adaptação a essa nova realidade, não foram poucas as pessoas que perceberam que há também vantagens em trabalhar de casa, desde a possibilidade de ter uma alimentação mais saudável até o ganho do tempo que antes era necessário para o deslocamento até o local de trabalho. Nesse modelo, a convivência com a família também se intensificou, trazendo em alguns casos estresse, mas também alegria, carinho, conforto e pertencimento, que não raro andavam deixados de lado na vida acelerada, intensa, competitiva e exigente que todos viviam até então.

Não há dúvidas de que em muitas atividades profissionais o *home office*, parcial ou total, será mantido, por motivos econômicos, pela praticidade ou por preferência. Essa realidade exigirá dos pais maior capacidade de auto-organização e administração do tempo, revisão de sua liderança no lar e atenção especial ao equilíbrio emocional. Não é fácil organizar a própria rotina de trabalho e a rotina escolar dos filhos, lidar com o convívio mais próximo com o cônjuge ou parceiros de moradia e equilibrar a alta exposição em telas de toda a família com a saúde mental. Nesse novo normal que está em construção, o trabalho de psicólogos, filósofos e todo tipo de profissionais de saúde física e mental podem contribuir para o entendimento da nova realidade e para o desenvolvimento da capacidade de adaptação a esse momento.

Se os filhos não forem educados a dividir as tarefas do lar, se forem criados de forma mimada e superprotegida, com os pais ou familiares fazendo suas tarefas e lições escolares por eles, resolvendo seus conflitos e dificuldades por dó ou para evitar que se sintam frustrados caso alguma coisa não saia como imaginaram, é possível que mais adiante ocorra algo muito grave a que um dos mais renomados historiadores da atualidade chama de "dispensabilidade".

O historiador e escritor israelense Yuval Noah Harari é autor de alguns dos livros mais lidos nos últimos anos, entre os quais *Sapiens, uma breve história da humanidade, Homo Deus* e *21 lições para o século 21*. Nesta última obra, ele chega a prever que se uma pessoa não for capaz de desenvolver seu autoconhecimento, encontrar seu equilíbrio emocional, manter sua saúde mental, encontrar seu propósito e realizar escolhas autênticas, com uma postura de autonomia, ela tem grandes chances de se tornar dispensável. Harari explica que essa percepção vale do ponto de vista econômico, pois uma pessoa acomodada teria pouco a oferecer a um mercado exigente e dinâmico, que não tem tempo para profissionais pouco engajados, pouco motivados ou pouco dispostos a mudar e se adaptar, e também do ponto de vista social, uma vez que, sem ter muito a oferecer além da capacidade de jogar bem os *videogames* da época, maratonar a série preferida ou mandar mensagens pelas redes sociais, uma pessoa com pouco conteúdo e capacidade de conexão e resiliência comprometida pode ter muitas dificuldades.

Por isso, desenvolver as competências socioemocionais é essencial, justamente para se manter ativo e proativo diante da vida, permitindo-se ir além do temor ao futuro, ao tomar o futuro nas mãos. A esse tema voltaremos mais adiante.

Principais desafios da relação escola-família

Um dos maiores desafios na relação entre as escolas e as famílias é a construção de um bom diálogo. Mas o que isso significa? Etimologicamente, a palavra diálogo resulta da união de dois vocábulos gregos: *diá* (através de) + *lógos* (palavra, estudo, compreensão, saber). Em termos simples, um bom diálogo se revela pela capacidade de reflexão e entendimento entre as partes.

No entanto, ser capaz de dialogar não significa concordar sempre ou em todos os aspectos com o outro, mas, sim, comprometer-se a encontrar espaço dentro de si para acolher, respeitar e honrar a percepção alheia. Tal postura perpassa e empatia, que é a capacidade de ver a vida pelos olhos do outro, sentir o mundo como o outro sente, colocar-se em seu lugar.

Diálogo é uma arte feita a várias mãos e por isso mesmo não tem o produto final ditado por esta ou aquela parte, e sim pelo encontro transformador dos envolvidos na relação. A partir de um bom diálogo, é possível preservar a integridade, o equilíbrio nas relações, a segurança e a saúde mental, tendo em vista que não se relacionam com base em discórdias.

O pesquisador e psicólogo clínico norte-americano John Gottman, em seu livro *Sete princípios para o casamento dar certo*, defende que os casais não se separam pela falta de conflitos ou brigas. Ao contrário. Ele comenta que os casamentos terminam quando se desiste de brigar, de lutar, de ser ouvido. Quando um, ou os dois, desiste de tentar ser ouvido, acolhido, respeitado ou considerado é que a relação está fadada ao insucesso. Em seus estudos, o autor chega a prever com mais de 90% de acerto os casais que irão se separar depois de observar sua convivência por alguns dias por detrás de uma parede espelhada, enquanto pesquisadores do lado de fora anotam pistas verbais e não verbais da interação. Descaso, ironia, palavras agressivas e menosprezo estão entre os comportamentos mais prejudiciais e que mais impactam na tendência à separação.

Não é apenas no entendimento do que promove o sucesso ou não de relacionamentos de casais que isso pode ser observado.

Em praticamente todas as relações humanas atitudes assim são altamente nocivas, e, por isso, são chamadas de tóxicas.

Nas relações entre os familiares e os profissionais da escola, saber dialogar também é essencial, claro, pois a natureza das relações mantidas na escola, nas salas de aula e em todos os demais contextos são feitas entre pessoas que precisam umas das outras. Todo o ambiente escolar é construído com base nas relações humanas.

A saúde dessas relações é o fundamento sobre o qual se constrói o andamento escolar (comportamentos, engajamento, atitudes de uns em relação aos outros, participação em ações extraclasse e outras) e o rendimento escolar (notas, motivação para aprender, envolvimento em grupos que operam juntos para conquistar metas e objetivos). Dar o melhor de si em relação ao outro preserva o ambiente social, a malha social, evitando que a comunicação se torne nociva, o que promove, consequentemente, desentendimento, rebaixamento da autoestima ou distanciamento.

Os profissionais da escola e os familiares são como duas margens de um rio. Se elas são afastadas demais, o rio seca. Se estão em conflito, bloqueando uma à outra, o rio transborda. Esta metáfora não é apenas uma figura de linguagem. Dizer que o rio seca significa que a motivação de um aluno para estudar se esvai quando ele percebe que seus pais não valorizam seus trabalhos escolares, criticam seus professores sistematicamente, não se engajam nas atividades promovidas para as famílias. Quando há conflitos constantes, ocorre um transbordamento dos ânimos, agressões explícitas ou veladas que em nada contribuem para o desenvolvimento dos alunos, seja no aspecto acadêmico, moral, social, seja no emocional.

Se as crianças e os jovens assistem a seus pais conflitando entre si constantemente, ou mesmo exercendo críticas intensas em relação ao que se passa na escola, podem acabar entendendo que esse modelo de relação pode ser repetido dentro dela. Não são raros os casos de alunos que cometem atos de violência, como o *bullying*, e que depois de uma análise mais profunda se percebe que tais alunos já sofriam abusos verbais ou físicos dentro de suas casas. Assim, ao assimilar que a realidade é violenta, que o jeito certo de resolver diferenças é por meio da ironia, do desprezo, do menosprezo ou do descaso com o outro, uma criança ou um jovem pode ter menos freios morais e atitudinais para escolher dialogar em vez de humilhar, maltratar ou agredir.

É possível cultivar formas sadias e produtivas de se comunicar, como por meio dessas falas: "Essa tarefa é realmente difícil, converse com seu professor e pergunte a ele como você pode fazer para superar sua dificuldade"; "Puxa, lamento, filha, pela sua nota. Mas entenda que uma professora não dá nota. Ela apenas revela o que um aluno aprendeu ou não. Não delegue a ela o que cabe a você fazer, conquistar uma nota melhor, se esforçando para isso"; "Filho, me parece que a situação que você está me contando te incomodou muito. O que você está sentindo? Vamos conversar primeiro e depois, ao longo da semana, você pode marcar um momento para se abrir com seu orientador para ajudá-lo a resolver essa questão da melhor forma".

Conversar dessa maneira é muito diferente de ter atitudes contrárias evidenciadas por falas como estas: "Não acredito que aquela professora te deu esta nota, que ridículo. Deixa seu pai saber disso, ele vai ficar doido de raiva"; "Sério que o professor não respondeu às suas perguntas na aula, de novo? Como ele ousa? Vou escrever agora mesmo para a direção"; "Então é isso que a escola está oferecendo como aula *on-line*? Vou tirar um *print* da tela e enviar no meu grupo de amigas para comparar com o que os filhos delas estão recebendo".

Esse tipo de comportamento revela uma atitude hostil, unilateral, prejudicial a todos. Os filhos perdem muito ao não serem educados a desenvolver autonomia, atitude, capacidade de dar a volta por cima e encontrar eles próprios as soluções para suas questões. É necessário que pais e mães percebam que seu papel não é resolver as coisas pelos filhos, e sim oferecer-lhes o que chamo de "colo com mola", ou seja, um misto de empatia (acolher, ouvir, dar apoio emocional) e direcionamento (auxiliar o filho a encontrar caminhos e alternativas por meio de atitudes que ele fará por si).

As relações entre os alunos também precisam ser trabalhadas, seja na sala de aula,[7] seja na sala de casa. Seria irrealista esperar que, sendo tratados como vítimas das circunstâncias, coitadinhos, príncipes ou princesas, eles desenvolvam a capacidade de resiliência, tão essencial no mundo atual e mais ainda no futuro, como já abordamos. É preciso que todos, pais, mães, responsáveis e educadores falem a mesma língua, sob o prejuízo de se formarem pessoas com baixos níveis de desenvolvimento de suas competências socioemocionais.

Ter clareza dos papéis de ambos os lados, escola e família, ajuda muito neste sentido. No quadro abaixo estão elencados alguns fatores de responsabilidade tanto da escola quanto da família. Quando cada um assume seu papel e estabelece uma comunicação efetiva com o outro, ambos passam a trabalhar juntos em prol do desenvolvimento integral das crianças e dos jovens.

Papel da escola	Papel da família
Dar aos familiares acesso a informações pedagógicas e comportamentais relevantes dos alunos ao longo de todo o período escolar, para que acompanhem "como andam as coisas" e possam colaborar de forma efetiva.	Acompanhar, de forma consciente e participativa, a educação dos filhos dentro e fora da escola, engajar-se com o cotidiano escolar e manter a parceria com os profissionais da escola, "falando a mesma língua" que eles e tratando as diferenças entre os adultos.
Dar *feedback* à família sobre aulas e atividades, pelos canais devidamente estabelecidos para isso.	Respeitar a filosofia, os limites, as regras e a cultura da escola, sem personalismos ou privilégios descabidos.

---

[7] A expressão "sala de aula" neste capítulo refere-se ao momento de aprendizado oferecido pela escola, tanto de modo presencial como on-line.

Informar sobre os conteúdos que estão sendo trabalhados nas aulas e outras observações que julgue relevantes para dar à família condições de auxiliar os filhos a ir além.	Inspirar os filhos a adotar uma atitude de autonomia, indo além, a estudar não apenas para alcançar as notas desejadas, mas, sim, de forma engajada, para aprenderem e se desenvolverem, dando o melhor de si.
Orientar a família sobre o desenvolvimento cognitivo e emocional dos alunos, sugerindo ações concretas a serem adotadas em casa para o aperfeiçoamento deles.	Seguir as orientações dadas pela escola, procurar os serviços ou profissionais indicados, não delegando à instituição de ensino tudo o que precisa ser feito para que os filhos tenham a melhor oportunidade de chegarem à sua melhor versão.
Conversar com os familiares em casos de rendimento abaixo do esperado e orientá-los sobre como ajudar o aluno neste sentido. Indicar livros, sites, atividades complementares ou mudanças na rotina que possam culminar em melhores resultados.	Motivar os filhos, orientar mudanças de rotina quando necessário, demonstrar que a família se importa com eles e que, por isso, está se dedicando para que juntos encontrem caminhos que promovam uma melhora no rendimento.
Atender às necessidades especiais dos alunos, dentro dos parâmetros da lei.	Respeitar os funcionários da escola e mostrar consideração com todos, do porteiro ao diretor, nas comunicações e interações presenciais e *on-line*.

Não é papel dos pais resolver as tarefas escolares dos filhos ou os conflitos destes com os colegas, agir como auditores dos conteúdos escolares oferecidos, atacar outros pais cujos filhos se envolveram em situações de discordância com seus próprios filhos, dirigir-se à escola para revidar a agressão de uma aluna à sua filha, postar em mídias sociais suas decepções, frustrações e incômodos, fazendo comparações com outras instituições escolares. Diante de qualquer uma dessas situações, sentar, olho no olho, dialogar sobre como é possível se ajudar, de modo presencial ou mesmo *on-line*, é sempre mais efetivo, mais sadio e mais humano. É o certo a ser feito, simples assim. No ambiente corporativo, quando ocorrem desentendimentos e conflitos, espera-se que haja recato, respeito e tratamento justo e digno entre as partes. Entre a escola e a família essas mesmas atitudes são esperadas.

De um dia para o outro, com a pandemia da Covid-19, professores de todo o país tiveram que aprender, na prática, a ministrar aulas a distância, a usar a tecnologia disponível, a criar atividades desafiadoras e interessantes, a descobrir novos caminhos de aprendizagem e estratégias eficazes para permitir que crianças e jovens se mantivessem motivados, sentindo-se cuidados e educados. É preciso lembrar, porém, que neste sentido estamos todos "em modo aprendiz", uma vez que ainda não tínhamos em quase nenhuma parte do mundo essa cultura vivenciada há tempo suficiente para que se construísse com maestria.

Há estudiosos que indicam que para alcançarmos a excelência em uma atividade humana são necessárias pelo menos 10 mil horas de atividade. O pensador e jornalista britânico Malcolm Gladwell, em seu livro *Fora de série – Outliers: descubra por que algumas pessoas têm sucesso e outras não*, mostra que um dos fatores por trás de carreiras bem-sucedidas, nas mais diversas áreas de atividade, é justamente um envolvimento constante naquilo que se faz. Mas não é só isso. A prática, sozinha, não leva à perfeição. Além do treino, a orientação especializada também faz a diferença. Com isso talvez seja mais fácil entender por que nem todos os professores do país conseguem alcançar da noite para o dia a excelência para que os alunos não sofram nenhum prejuízo em sua aprendizagem.

Exigir isso da escola não é realista. Não é possível. Não é humano, sequer. Estamos todos aprendendo não só a lidar com as plataformas e sistemas das TICs (Tecnologias de Informação e Comunicação), como também a nos expressar a partir delas. É sabido que há uma diferença na maestria oral e na escrita. Há pessoas que falam muito bem, mas não escrevem tão bem assim. E há os que escrevem com propriedade, mas quando têm de se expressar oralmente não se mostram interessantes. São habilidades diferentes. Comunicar-se em ambiente digital é uma habilidade nova para a humanidade, e não seria diferente com os professores.

Todos perdemos com a pandemia. Perdemos liberdade, perdemos dinheiro, perdemos contato, perdemos um tanto de nossa serenidade, de nossa saúde mental até. Por meses, por anos talvez, ainda estaremos nos recuperando desse estresse traumático a que fomos expostos.

Se pais, mães e familiares dos alunos sofreram o impacto ocasionado pela pandemia, seria uma atitude sábia, nobre e humanizada compreender que professores e professoras foram expostos às mesmas dificuldades que eles. Momentos delicados pedem atitudes delicadas e nunca extremadas.

Em momentos assim, fortalecer a sinergia entre a família e a escola é fundamental. Ambos os lados devem cultivar um olhar de compreensão, colaboração e solidariedade e estabelecer um diálogo claro, respeitoso e contínuo. Apesar das dificuldades e incertezas, a parceria entre família e escola que se mantém nos diversos aspectos que envolvem a educação de crianças e jovens, como, por exemplo, financeiro, emocional e de adaptabilidade ao novo cenário que se instalou com a pandemia da Covid-19, beneficia todos os envolvidos, especialmente os alunos, mas também a sociedade em geral.

Neste momento, em que a vida digital se instalou de forma definitiva nas mais diversas atividades sociais e profissionais, é preciso ressaltar que todos são aprendizes. Os pais podem colaborar muito com os professores, oferecendo *feedback* sobre como os filhos têm recebido as aulas e atividades oferecidas. Também podem auxiliar sugerindo à escola estratégias, cursos ou mesmo boas práticas, da mesma maneira que fariam com outras áreas nas empresas em que trabalham.

Quando somos colaboradores de uma organização, torcemos sempre para que nossos parceiros sejam bem-sucedidos, pois do sucesso deles depende o nosso. Por exemplo, se a área de suprimentos falhar, a produção perde, e as vendas são prejudicadas.

O mesmo raciocínio deve ser adotado entre os familiares e os educadores. Eles devem operar juntos, na busca de um objetivo comum: o desenvolvimento integral dos alunos.

Para que isso seja feito de forma consciente e consistente, uma boa estratégia é formar e manter uma ponte que seja cimentada na leveza dos valores humanos, nas interações entre a escola e a família.

Para que esta ponte tenha sustentação e seja alicerçada em valores humanos, é preciso praticar atitudes que propiciem diálogos e não confrontos. Conflitos fazem parte do crescimento de todos que convivem, mas não necessariamente têm se tornar confrontos ou violência. É essencial não agir por impulso e refletir antes de tomar uma decisão.

Para as famílias, pode fazer toda a diferença perguntar-se antes de agir ou conversar com a escola:

- O que penso e sinto sobre essa situação? O que me incomoda e quais são minhas expectativas de solução?

- Qual a minha responsabilidade diante disso?

- Com quem posso conversar sobre isso para me orientar ou me ajudar a pensar?

- Esta é a melhor atitude que posso adotar? Quais são todas as alternativas e quais seriam as melhores (mais respeitosas, menos danosas)?

- Qual o impacto dessa situação no meu filho? E no coletivo?

- Se eu me colocar no lugar da escola (gestor, professor), eu mudaria de posicionamento?

- Considerando que todos estão fazendo o seu melhor, essa atitude é um direito ou um privilégio?

- Que exemplo darei aos meus filhos com essa postura ou decisão?

Para as escolas, pode fazer toda a diferença perguntar-se antes de agir ou conversar com as famílias:

- O que penso e sinto sobre essa situação? O que me incomoda e quais são minhas expectativas de solução?

- Qual a minha responsabilidade diante disso?

- O que posso aprender com situações anteriores de sucesso?

- Se eu me colocar no lugar dos pais ou responsáveis, eu mudaria de posicionamento?

- Como posso me preparar para observar, acolher, orientar e intervir? Há alguém que pode me auxiliar?

- Esta é a melhor atitude que posso adotar? Quais são todas as alternativas e quais seriam as melhores (mais respeitosas, menos danosas)?

- Qual é o meu papel diante dessa situação?

- Estou pronto para ouvir e acolher o que a família vem me trazer?

- Eu tenho propostas de ação para auxiliar na resolução do problema?

Os valores atuam como uma bússola moral, que indica para onde e como se deve dirigir a vida. Assim, uma pessoa que pretende desenvolver o valor do compromisso, não adia suas ações, não delega suas responsabilidades, não terceiriza as causas das situações em que se encontra nem ataca aqueles que querem ajudá-la a se aprimorar.

Pais que respeitam os professores não mandam mensagens em grupos de comunicação atacando-os quando veem seus filhos frustrados com notas abaixo do esperado, não falam mal dos professores na mesa de jantar, não pedem para o professor dar um jeitinho para que o filho receba uma nota melhor do que a merecida nem pedem que uma atitude inadequada de seus filhos seja isenta de consequências, por mero narcisismo ("Não aguento ver meu filho tristinho"). Ao contrário, pais que respeitam os professores procuram saber sobre o desempenho dos filhos nas atividades, sobre as dificuldades de aprendizagem, sobre como está o comportamento deles nas aulas, a fim de adotar medidas em casa, junto aos filhos, que auxiliem o professor a vencer os desafios que enfrenta na sala de aula (presencial ou *on-line*).

Uma família que tem o valor da felicidade como importante para si procura dar o seu melhor para elogiar os filhos com inteligência, valorizando mais seu empenho do que as notas, procurando manter um humor positivo mesmo diante das adversidades, sem pegar pesado quando as coisas saem do eixo.

Em um lar assim, em que os valores são praticados, as pessoas se tratam com delicadeza e consideração, zelam pelo bem comum, aprendem juntas, estimulam-se, escutam música e assistem a programas juntas e se fazem companhia nos momentos difíceis. Quando alguém perde a cabeça, procura depois buscá-la de volta. As pessoas pedem e oferecem desculpas sinceras, entendendo que como seres humanos todos acertamos e nos perdemos todos os dias.

Essas famílias vão além do mero parentesco, do laço de sangue. Elas conseguem algo mais, o laço amoroso, baseado na confiança que sentem uns nos outros e na importância que cada um mostra em relação a si e aos demais.

Filhos que crescem em um lar assim tendem a agir da mesma maneira na escola, com seus amigos e educadores. Imagine um mundo em que todas as pessoas vivam o presente de forma humanizada, umas em relação às outras. Imagine um mundo em que todos vivam em paz. Em um mundo unido como um só. Uma fraternidade do Homem, com todas as pessoas compartilhando o mundo inteiro. Esta mensagem linda e convidativa foi deixada à humanidade pelo cantor e compositor inglês John Lennon, em sua música imortal "Imagine". E esse é também o nosso convite neste momento.

A pandemia nos ensinou, entre outras coisas, que não iríamos sobreviver, que não encontraríamos a vacina ou os medicamentos necessários agindo na base do "cada um por si". Adaptarmo-nos e cooperarmos uns com os outros fará parte do novo normal a que todos nos dirigimos.

Se é verdade que praticar tudo isso não é fácil, deixar de fazê-lo pode ser ainda mais difícil. No próximo tópico abordaremos alguns dos medos, das dores e das dificuldades das famílias no momento atual, trazendo à luz algumas ideias para que pais e mães possam se inspirar a oferecer o seu melhor neste especial momento em que todos estão inseridos.

Medos, dores e dificuldades da família atual

Vive-se hoje um imperativo de ser feliz. Parece que em toda parte este tema é explorado das mais variadas formas. Um exemplo são as propagandas que oferecem um sem fim de serviços e produtos para todos se sentirem vivos, cheios de energia, competentes, atraentes, poderosos e bem-sucedidos. As publicações sobre a temática da felicidade aumentaram significativamente, bem como as ofertas de canais nas mais diversas mídias sociais.

Isso seria algo maravilhoso, não fosse o seu efeito real, que é justamente criar uma aura de obrigatoriedade em relação a essa vida plena, satisfeita, bem-sucedida e repleta de propósito a que estamos todos, de uma forma ou de outra, sendo levados a todo tempo. Basta observar as publicações da rede social Instagram para perceber que muitas das postagens se referem a ostentação, vaidade e narcisismo: "Veja minha barriga que linda, mês a mês, com direito a um ensaio fotográfico com profissional da área"; "Olha que bacana o mesversário do meu filho, que máximo, com todas essas atrações"; "'Olha que cabelo mais lindo que meu @ *personalstylist* fez para mim"; "Minha casa é perfeita, tudo é lindo e arrumado". *Posts* assim ganhavam uma quantidade de *likes* tão elevada que, para alguns, passaram a provocar uma redução geral do índice de felicidade. Tanto é que a rede retirou a possibilidade de visualização das curtidas das publicações.

Dentro deste modelo social, como impor limites aos filhos? Como dizer *não* quando tanta gente acaba cedendo? Como ser a única mãe que não faz festinhas ostentadoras? Como encontrar força para manter os valores no lar diante de tantas outras famílias que parecem preferir ser apenas amigas dos filhos em vez de verdadeiramente educá-los? Diante de tantas publicações de pais se divertindo, mimando e mesmo bajulando seus filhos, fica cada dia mais complicado dizer *não*, transmitir valores e ensinar a autonomia. Psiquicamente é mais barato ceder, ainda que financeiramente seja (muito) mais caro.

Como a maioria das postagens em redes sociais demonstra uma vida cheia de *glamour*, sucesso e felicidade, as pessoas tendem a se comparar a outras e a se sentir menos felizes do que são de fato. É fácil perceber que em um número significativo de vezes as pessoas gastam mais tempo do que o previsto em redes sociais e, depois de acessá-las, tendem a se sentir menos felizes do que estavam antes.

Outro fenômeno das redes sociais é a profusão de pseudoespecialistas nos mais diversos temas. Parece que hoje todo mundo se considera uma autoridade e tem o que dizer sobre qualquer coisa. Assim, o "eu acho" acaba muitas vezes tendo o mesmo peso que a publicação de um especialista em determinado assunto.

Na obra *A geração superficial: o que a internet está fazendo com os nossos cérebros*, o premiado escritor norte-americano Nicholas Carr explora esse aspecto, mostrando que até mesmo em estudos acadêmicos é cada vez mais presente a superficialidade. Quando uma pessoa desenvolve uma pesquisa acadêmica, em muitos casos, segundo o autor, ela se baseia no que o *site* de busca exibe em primeiro lugar, ou até as primeiras três páginas, mesmo que as publicações mais relevantes ou de centros acadêmicos mais consistentes estejam mais adiante. Carr chega a dizer que temos nos tornado "pessoas-panqueca", sabemos cada dia menos cada dia mais. Não passamos muitas vezes do primeiro parágrafo ou da leitura da manchete de determinado assunto e já chegamos a conclusões apressadas sobre quase tudo.

Para ele, a internet deu à humanidade uma oportunidade sem precedentes na história de ter acesso a pessoas e a acontecimentos em qualquer lugar do mundo, no entanto, as pessoas estão massivamente absorvidas pelo ambiente digital a tal ponto que a internet tem sido acoplada ao corpo físico, chegando a gerar dependência e vício, configurando a noção pessoal de espaço e de tempo.

Muitas famílias sentem dificuldade de manter os filhos longe das telas, de impor limites ao uso das tecnologias, de olhar os filhos nos olhos durante uma conversa ou mesmo de serem atendidas pelos filhos quando lhes telefonam porque eles não querem falar, apenas digitar. São os chamados "não-me-liguers".

Todos nós estamos tão conectados e tão evolvidos pelo espírito da época (*zeitgeist*) que muito frequentemente, sem perceber, agimos com *phubbing* (junção dos termos em inglês *phone* [telefone] + *snubbing* [esnobando]), isto é, quando estamos conversando com alguém e abandonamos a conversa ao recebermos uma notificação ou mensagem no celular. Ignoramos aquele que está conversando conosco para teclar com outra pessoa.

Como fica o cérebro de crianças e jovens que crescem nesse cenário? Ansioso, com dificuldade de se concentrar, com necessidade constante de estímulo, irritadiço. É fundamental que os pais organizem um dia a dia em que o tempo de tela seja cuidado e limitado, seguindo orientações de entidades científicas ou de publicações confiáveis que oferecem dicas e caminhos para o uso sadio das tecnologias. Esse cuidado é fundamental especialmente nesse momento em que, devido à pandemia da Covid-19, os meios digitais estão sendo cada vez mais usados.

É preciso também estar atento às competências socioemocionais dessas crianças e jovens, porque, nesse cenário, são altamente prejudicadas, em sua maioria. E tal percepção não é exagero. Basta refletir sobre o número de vezes que a maioria dos brasileiros abre seus telefones em um único dia.

É interessante que os pais, na medida do possível, orientem os filhos a deixarem os celulares de lado quando estiverem conversando com alguém presencialmente e ao sentarem-se para as refeições. Criar uma cultura no lar em que se evitem distrações como as das redes sociais ao estudar, por exemplo, é um bom caminho que auxilia também na concentração. Nesse mesmo sentido, é bem indicado que ações de empatia, trabalho em equipe e habilidades de comunicação sejam exercitadas dentro das mais simples interações sociais.

Muitas pessoas têm se deixado levar pela onda de Fomo (*Fear of missing out*), que é o medo de ficar de fora, e acabam se expondo exageradamente às telas de celulares, *tablets*, computadores e TVs, muitas vezes até tarde, o que, entre outros prejuízos, impacta o sono. É comum crianças e jovens levarem o celular para a cama ao se deitar e ficarem conectados por muito tempo. O problema disso é que a luz azul emitida pelas telas do celular, e outros aparelhos, indica ao cérebro que é dia e não permite um desligamento tão profundo nem um sono de qualidade, prejudicando sobremaneira a atenção, o relaxamento e o desenvolvimento físico e mental.

Um caminho possível para os pais auxiliarem os filhos a vencer esse desafio é estabelecer um combinado em que, depois de determinado horário, todos deixam os celulares desligados ou fora do quarto, em outro cômodo, utilizando despertadores comuns para iniciar o dia. O aparelho deveria ser ligado bem depois de acordar, justamente para um ingresso calmo e sadio no dia, em vez de ansiosamente já adentrar o mundo digital, muitas vezes desprezando a higiene e a alimentação pela manhã. Neste sentido, deixar o telefone de lado pelo menos uma hora antes de dormir já ajudaria muito.

O uso intenso de redes sociais, *games* e demais tecnologias acaba criando dependências. Na obra de Nicholas Carr citada anteriormente, o autor faz um apelo para que nos mantenhamos cuidadosos no uso da internet e demais tecnologias, para evitar uma forma de alienação de nossa humanidade.

Falando em humanidade, poucas coisas são mais nocivas do que as *fake news*, ou notícias falsas. Elas apenas colaboram para nos manter em estado de vertigem social e angústia diante de variações infinitas da realidade a que estamos inseridos. Não são poucos os pais e as mães que se sentem atordoados na anomia da atualidade também em relação à educação a ser oferecida aos filhos.

Reduzir as comparações das redes sociais poderia ajudar nesse aspecto. Em vez de se comparar com os demais, o ideal é que pais e mães se comparem com a versão anterior de si mesmos, perguntando-se:

- Estou hoje mais consciente de meu papel como adulto responsável pela formação integral dos meus filhos?

- Tenho dedicado um tempo para estar com eles, mostrando interesse pela sua vida escolar e por outros assuntos de sua vida?

- Quando meus filhos conquistam uma boa nota ou um bom resultado de suas atividades escolares mostro que sinto orgulho de suas atitudes?

- Quando eles não atingem suas próprias expectativas, sento-me ao lado deles para acolher e pensarmos juntos em formas de darem a volta por cima com seus próprios recursos?

- Procuro conversar com meus filhos sobre meus propósitos, sentimentos e desafios do dia a dia de forma que eles também tenham contato com meu mundo?

- Dedico um tempo para estudar sobre como posso contribuir para a formação de valores no meu lar?

- Mantenho uma parceria com meu cônjuge ou outros familiares e procuro mostrar respeito com relação aos seus posicionamentos?

- Preservo minha palavra quando sinto que preciso impor determinado limite, mesmo que meus filhos não se sintam felizes naquele momento?

- Busco aprender mais sobre a fase do desenvolvimento dos meus filhos para poder contribuir da melhor forma com seu aperfeiçoamento?

Perguntas como essas ajudam pais e mães a verificar como estão praticando uma parentalidade consciente e responsável.

O espaço escolar é repleto de experiências nas quais os educadores se dedicam a transmitir valores, competências e ensinamentos para a vida, tanto acadêmica quanto nas mais diversas áreas da existência. Porém, não é realista esperar que diante de tantas demandas como existem no mundo atual, aliadas a um calendário bastante intenso de atividades acadêmicas, toda formação cognitiva e socioemocional seja trabalhada na sala de aula. Na sala de casa é preciso que se construa uma sinergia de propósitos e de ações.

Neste novo tempo em que o normal está sendo recriado, é urgente e essencial que todos se unam no processo de construção da saúde mental, do equilíbrio emocional, da motivação para se dar a volta por cima e para que todos consigam, de alguma forma, e no devido tempo, recuperar o que se perdeu em termos das atividades escolares. É tempo de serenidade e companheirismo em todas as dimensões dessas palavras.

É bem provável que por muito tempo ainda todos estejam mexidos com tudo que aconteceu nos meses de confinamento. Não será nenhuma surpresa perceber crianças, jovens e mesmo professores e pais com sintomas de estresse pós-traumático e problemas emocionais, como a depressão, humor rebaixado, insônia, raiva, exaustão emocional e irritabilidade. Uma pesquisa realizada com mais de 30 mil jovens brasileiros em maio de 2020,[8] sobre como perceberam o momento em relação a diversos aspectos, mostrou que, quanto à temática de educação e aprendizado, o principal desafio de estudar em casa não se relaciona apenas com o acesso à tecnologia ou falta de tempo, mas principalmente com as questões

---

[8] Pesquisa "Juventudes e a pandemia do coronavírus", promovida pelo Conselho Nacional de Juventude (Conjuve), em parceria com Em Movimento, Fundação Roberto Marinho, Mapa Educação, Porvir, Rede Conhecimento Social, Organização das Nações Unidas para a Educação, a Ciência e a Cultura (Unesco) e Visão Mundial, e publicada em junho de 2020. A pesquisa ouviu jovens de 15 a 29 anos de todo o Brasil. Disponível em: https://livro.pro/j69o47. Acesso em: 22 jul. 2020.

emocionais que atrapalham os estudos, bem como estratégias que auxiliam na gestão do tempo. Outro dado preocupante é que quase 30% dos jovens ouvidos relataram que já pensaram em não retornar para a escola. Aliado a isso, temos o desafio colocado pela pandemia no que se refere ao acesso à educação por parte de muitas crianças e jovens. Nesse sentido, é importante família e escola estarem atentas às dores, às preocupações e aos anseios dos jovens para que se possa ajudá-los de maneira mais assertiva e focada.

O medo de infecção será mantido por algum tempo pelo cérebro e isso concorrerá com a atenção dada às aulas e às demais atividades escolares. Diante de temores, inseguranças e ansiedade, o cérebro tende a secretar maiores níveis de cortisol, hormônio do estresse, que tende a limitar a capacidade de aprendizado.

Vale a pena ficar atento ao modo como os filhos se dedicarão a suas atividades escolares, buscando suporte emocional e também orientação em relação à organização dos estudos, seja ele remoto, presencial ou híbrido. Isso pode fazer uma grande diferença. Seria interessante neste sentido procurar dar amor, carinho, dizer palavras de acolhimento, mas também motivá-los por meio de conversas, assistir juntos a filmes, séries e desenhos sobre superação, resiliência, disciplina, fé e esperança. Realizar juntos leituras de histórias e relatos biográficos de pessoas inspiradoras também pode fazer diferença. A escola também pode auxiliar os alunos, orientando sobre como fazer uma boa gestão da agenda, com informações claras sobre o calendário escolar dentro daquilo que já está definido, como dividir o tempo de maneira eficaz e organizada, como lidar com emoções, ansiedade, medo e outras que podem atrapalhar os estudos e o aprendizado. Ao promover momentos de conversa, por exemplo, é possível compartilhar anseios e dúvidas, bem como encontrar e construir alternativas juntos, exercitando a empatia, a criatividade e a motivação para o apoio em rede e a colaboração entre os alunos. A proposta de um aluno pode auxiliar na rotina de outro colega.

Diante de tantos desafios que já estavam presentes na realidade de muitas famílias, aliados aos que todos vivemos nestes tempos delicados, é fácil cair na armadilha de esperar menos dos filhos, tendendo a uma maior permissividade, justamente por considerar que eles foram vitimados por uma situação que lhes fez mal. Se é verdade que isso ocorreu mesmo, que todos estão diante de uma situação altamente estressante nos mais diversos níveis, não se pode esquecer que quando não é possível escolher o que viver, ainda assim pode-se, em certa medida, escolher o modo como se vai viver.

Todos vivemos uma situação muito triste e delicada, mas a pandemia não precisa necessariamente ser uma condenação definitiva de nossos sonhos, desejos e esperanças. Ela também pode ser trabalhada por todos nós como uma condição, que nos oportunizou, que nos exigiu, melhor dizendo, uma maior capacidade de superação, de adaptação, de cooperação.

Se essas habilidades forem bem trabalhadas, todos serão capazes de transcender o momento atual em direção a um crescimento. Isso começa com uma percepção adequada da importância de um bom manejo das expectativas dos pais em relação ao desenvolvimento dos filhos, tema que abordaremos a seguir.

Expectativa dos pais no desempenho escolar dos filhos

As expectativas que os pais depositam nos filhos impactam enormemente em diversos aspectos de suas vidas: desde suas escolhas até o desempenho escolar. Isso também se aplica às expectativas que os professores criam em relação aos seus alunos. Querer corresponder àquilo que nos é esperado é uma maneira de nos sentirmos aceitos, incluídos e amados.

É possível perceber que as expectativas dos pais, muitas vezes, são geradas antes mesmo da concepção dos filhos. Imaginam como será o bebê, planejam mentalmente seu espaço na casa e na família, projetam o futuro, são inúmeros os sonhos que vão sendo alimentados antes mesmo da criança nascer. Ao longo da vida dos filhos, essas expectativas podem se confirmar, ou não, ou ainda podem se modificar.

O fato é que as expectativas familiares afetam, em algum grau, a vida dos filhos, pois são narrativas explícitas ou veladas que vão se delineando e atingindo inclusive a autoestima e a autoeficácia deles. Quando demasiadamente exageradas, podem gerar pressões e tensões, internas e nas relações que se estabelecem. Por outro lado, expectativas muito baixas podem ser interpretadas como negligência ou incapacidade de atender à determinada demanda ou meta. Por isso, calibrá-las é algo extremamente delicado, afinal, elas fazem parte dos sentimentos que os pais projetam nos filhos, e isso se aplica a praticamente todas as relações humanas.

Nutrir expectativas excessivas e irrealistas leva a uma maior chance de ter de lidar com frustrações, afinal, o perfeccionismo não funciona. É preciso lembrar que expectativas são projeções feitas em relação ao outro, que não necessariamente devem ou serão cumpridas e alcançadas. Nesse sentido, lidar com as próprias expectativas é um exercício constante de analisar, balancear, incentivar ou apoiar o outro em suas realizações, conquistas e, inclusive, seus fracassos. Por outro lado, expectativas demasiadamente modestas geralmente são facilmente superadas.

Se, por um lado, busca-se atender às expectativas alheias para que o sentimento de pertencimento e amor alcance uma viabilidade, por outro, encontrar a autonomia e a autenticidade é um exercício constante de lidar com as expectativas alheias ou até mesmo de ultrapassá-las ou recusá-las.

Ao depararem-se com as expectativas que depositam nos filhos, é importante que os pais os reconheçam como seres únicos e singulares. Comparações muitas vezes são ineficazes e desestimulantes.

Pesquisas sobre a formação das expectativas dos pais ainda têm buscado respostas sobre os fatores que compõem este cenário, tais como questões culturais, socioeconômicas, intraindividuais, entre outros. Já as pesquisas que analisam o impacto das expectativas dos pais no desempenho acadêmico dos filhos têm avançado e trazido novos questionamentos para o entendimento do tema. Elas abrem a perspectiva para os aspectos negativos, e não apenas positivos dessas expectativas, que podem prejudicar tanto a motivação e o desempenho acadêmico como o bem-estar psicológico dos alunos. Um amplo estudo sobre a revisão de pesquisas nessa área realizado por Yamamoto e Holloway[9] aponta que pais que depositam expectativas irreais sobre os filhos podem ter dificuldades de auxiliá-los a maximizar seu potencial acadêmico. É por isso que, segundo as autoras do estudo, as expectativas dos pais não podem ser desconhecidas dos filhos, é preciso conversar sobre elas claramente, para que sejam aceitas e, assim, surtam um efeito em seus processos internos.

Além disso, como as próprias autoras do estudo explicam, a forma como os pais entendem o bom desempenho escolar afeta diretamente suas expectativas. Por exemplo, considerar que a inteligência é algo inato ou passível de ser desenvolvido impacta diferentemente na maneira como se entende a melhora, ou não, do desempenho acadêmico.

A escola pode ter um papel central na mediação e no equilíbrio das expectativas familiares, ajudando a calibrar expectativas realistas, acompanhando com os responsáveis o processo de crescimento e desenvolvimento dos filhos em relação ao rendimento acadêmico ou às atitudes no ambiente escolar. Lembrar que crianças e jovens estão em pleno desenvolvimento físico, emocional, identitário e de outros aspectos é importante para moderar expectativas muitas vezes descoladas das possibilidades. Além disso, pode ser interessante auxiliar na ressignificação do que é errar e fracassar, bem como o que é sucesso. Ao ter clareza sobre o entendimento desses aspectos para cada família ou cada integrante dela, muitas vezes há a oportunidade para a busca de novos entendimentos e perspectivas sobre essas temáticas e, consequentemente, mudanças nas expectativas.

Somam-se a isso achados como os da psicóloga e pesquisadora norte-americana Carol Dweck, que demonstram o que ela chama de "o poder do ainda", que se refere justamente à ideia de

---

[9] Disponível em: https://livro.pro/3uuqdu. Acesso em: 22 jul. 2020.

que não estamos prontos, e sim em constante desenvolvimento. Diante desse pressuposto, deve-se focar no processo e não apenas nos resultados, ou seja, o desempenho acadêmico, por exemplo, não deve levar em conta unicamente a nota ou uma avaliação isolada, mas sim tudo que foi realizado durante o processo que levou à nota ou ao resultado. É aí que residem o crescimento e o desenvolvimento. Além disso, mesmo diante de um resultado ruim, considerá-lo como provisório, no sentido de poder fazer diferente e melhorar para uma próxima tentativa, pode ser o caminho para o autoaperfeiçoamento.

Carol Dweck demonstra, por meio de suas pesquisas, que a mentalidade de crescimento, ou seja, a mentalidade que considera que estamos em um processo contínuo de aprimoramento, é a chave para melhores resultados e para uma perspectiva não condenatória. Isso é o oposto do que ela chama de mentalidade fixa.

Isso pode ser importante no momento de acompanhar as atividades escolares dos filhos ou mesmo seu desenvolvimento. Observar o empenho durante o semestre, durante o ano, não apenas nas chamadas "épocas de provas", não reduzir a capacidade e o potencial apenas à nota ou a uma única avaliação, compreender e ensinar que um resultado insatisfatório significa apenas que ainda não alcançou o resultado que gostaria, que está no processo de aprendizagem.

Isso também se aplica à forma como se elogia. Muitos consideram que qualquer elogio já é suficiente para estimular o aprendizado, melhores resultados, melhores posturas ou reforçar comportamentos. Porém, como a pesquisadora relata, o elogio não deve ser direcionado à inteligência ou talento, mas sim ao processo, ao esforço, à busca pela tentativa e pelo aperfeiçoamento. Elogiar o esmero, o foco, a persistência, a determinação e outros aspectos relativos à dedicação pessoal é mais eficaz do que elogiar uma característica, pois incentiva comportamentos de resiliência e perseverança.

Em culturas e sociedades que valorizam a competição, o resultado e as "medalhas", essa é uma proposta mais desafiadora, no sentido de propor uma mentalidade que foque não apenas no resultado final, mas no empenho durante todo o processo. Há situações e contextos que incentivam o *mindset* fixo, seja durante a trajetória escolar, seja na vida adulta, nas organizações e no que diz respeito à vida profissional. A longo prazo, o foco único no resultado pode gerar um esvaziamento de sentido, conforme as pesquisas de Carol Dweck indicam. Além disso, a tendência é que o sentimento de insegurança e incapacidade prevaleça diante de novos desafios, sem contar quando se desiste de tentar.

Se os pais desejam que seus filhos tenham bom desempenho acadêmico e, mais do que isso, desenvolvam a autoestima e procurem se superar diante de novos obstáculos, é importante dialogar abertamente sobre expectativas e como balanceá-las, bem como ter um olhar dirigido ao processo de desenvolvimento individual de cada filho, não apenas em um recorte de resultado baseado em uma prova, em um boletim ou em um único dado. É essencial acompanhar o empenho, o esforço, os estudos durante a semana, durante o mês, durante o ano, mapeando, assim, os pontos a serem melhorados e traçando possibilidades de superá-los. Mesmo que o resultado final não seja ainda suficiente, valorizar mudanças, novas pequenas conquistas e superações terá enorme peso diante do processo como um todo, que muitas vezes um único resultado não é capaz de captar ou representar.

Ter uma relação próxima com a escola, mantendo um diálogo constante e aberto com ela, é essencial para a família contribuir de modo ainda mais efetivo para o desenvolvimento integral dos filhos.

Competências socioemocionais
na sala de aula e na sala de casa

Muito tem se ouvido falar nos últimos anos sobre as chamadas competências socioemocionais. Inclusive, elas estão previstas de serem desenvolvidas ao longo da educação escolar na Educação Básica por meio da especificação de dez competências gerais propostas na Base Nacional Comum Curricular (BNCC). No entanto, aprimorar essas competências não é algo restrito ao ambiente escolar. A família, em parceria com a escola, tem papel importante no desenvolvimento integral de crianças e jovens. Veja como é possível colaborar:

1) Valorizar e utilizar os conhecimentos historicamente construídos sobre o mundo físico, social, cultural e digital para entender e explicar a realidade, continuar aprendendo e colaborar para a construção de uma sociedade justa, democrática e inclusiva.

Como contribuir:

- Estimule seus filhos a pesquisar em fontes diversas quando realizarem atividades escolares para favorecer a criatividade e a criticidade.
- Ajude-os a manter a concentração e o foco, distanciando-os de elementos que roubem a atenção dos estudos (redes sociais, animais de estimação, programas de televisão, entre outros).
- Crie o hábito de aprender juntos os mais variados assuntos, seja por meio de documentários, séries, seja por meio de leituras que tragam conhecimentos interessantes. Uma dica é definir um dia da semana para um encontro em que os integrantes da família apresentem algo interessante para conversar.

2) Exercitar a curiosidade intelectual e recorrer à abordagem própria das ciências, incluindo a investigação, a reflexão, a análise crítica, a imaginação e a criatividade, para investigar causas, elaborar e testar hipóteses, formular e resolver problemas e criar soluções (inclusive tecnológicas) com base nos conhecimentos das diferentes áreas.

Como contribuir:

- Pesquise com seus filhos novos avanços científicos presentes no cotidiano. Por exemplo: Como são produzidos os aromas? De que maneira é possível reaproveitar a água da chuva? Como funciona o cérebro? Por que o beija-flor voa para trás? De tempos em tempos, procure instigar a mente de seus filhos e desafiá-los a pesquisar questões interessantes da vida.

- Assistam juntos a filmes ou documentários sobre pessoas inspiradoras que foram além, que desafiaram o *status quo*.

- Em situações simples do dia a dia, como uma ida ao supermercado, troquem ideias sobre: O que se pode melhorar aqui? Como isso poderia ser feito diferente? Se você fosse inovar esse lugar, produto ou serviço, o que faria? Cultive um olhar de curiosidade.

3) Valorizar e fruir as diversas manifestações artísticas e culturais, das locais às mundiais, e também participar de práticas diversificadas da produção artístico-cultural.

Como contribuir:

- Procure inserir nos passeios, sejam eles presenciais ou virtuais, o conhecimento sobre localidades, museus, instituições religiosas, diferentes do comum. Instigue seus filhos a conhecer a história por trás das diferentes manifestações culturais da humanidade.

- Preserve em sua casa e em todas as situações sociais em que seus filhos estiverem presentes uma atitude de absoluto respeito à diversidade. Quando perceber atitudes ou falas de racismo, xenofobia, discriminação, converse imediatamente com eles, ajudando-os a desenvolver a empatia, a solidariedade, uma atitude humana para com todos os seres humanos.

> • Dentro de sua casa, procure organizar uma divisão de tarefas que não seja baseada no gênero. Todos podem e devem cooperar.

4) Utilizar diferentes linguagens – verbal (oral ou visual-motora, como Libras, e escrita), corporal, visual, sonora e digital –, bem como conhecimentos das linguagens artística, matemática e científica, para se expressar e partilhar informações, experiências, ideias e sentimentos em diferentes contextos e produzir sentidos que levem ao entendimento mútuo.

Como contribuir:

• Procurem juntos curiosidades, dados, fatos, estatísticas e números das situações mais inusitadas do dia a dia. Por exemplo: Quantos litros de água consumimos por mês? Quanto de lixo nossa família produz em um ano? Quantas vezes uma pessoa pisca ao longo de um dia? Instigue seus filhos a terem curiosidade matemática e científica.

• Aproveite situações das mais diversas para inspirá-los a perceber as contribuições artísticas: "Filho, veja o formato desse *mouse*, que interessante!", "Filha, você percebe como a moda se altera ao longo do tempo?", "Filho, você já notou como o *design* está presente em tudo que usamos no cotidiano?". Incentive seus filhos a reconhecerem o valor das embalagens, as cores, a funcionalidade, que são enriquecidas com a linguagem artística.

• Procure estimulá-los a utilizar diferentes linguagens quando fizerem trabalhos escolares, a dar o passo além, entregando mais do que os professores pediram.

5) Compreender, utilizar e criar tecnologias digitais de informação e comunicação de forma crítica, significativa, reflexiva e ética nas diversas práticas sociais (incluindo as escolares) para se comunicar, acessar e disseminar informações, produzir conhecimentos, resolver problemas e exercer protagonismo e autoria na vida pessoal e coletiva.

Como contribuir:

- Atente-se para as classificações indicativas de idade e para o uso adequado dos recursos digitais de acordo com instituições científicas.

- Oriente seus filhos a preservar a fonte de pesquisas e trabalhos escolares feitos a partir de consultas em meios digitais.

- Ajude-os a compreender as consequências daquilo que é postado e compartilhado nas redes sociais, seja de sua autoria, seja de outros.

---

6) Valorizar a diversidade de saberes e vivências culturais e apropriar-se de conhecimentos e experiências que lhe possibilitem entender as relações próprias do mundo do trabalho e fazer escolhas alinhadas ao exercício da cidadania e ao seu projeto de vida, com liberdade, autonomia, consciência crítica e responsabilidade.

Como contribuir:

- No dia a dia, procure conversar com seus filhos sobre seu propósito, os desafios que enfrenta, suas vitórias profissionais. Permita que eles conheçam algo sobre o que você vive e sobre a sua contribuição social.

- Cultive uma atitude de valorização diante de todas as formas de trabalho e ocupação para o funcionamento da sociedade.

- Observe os temas pelos quais seus filhos se interessam e estimule-os a mergulhar fundo naquilo que faça sentido para eles.

7) Argumentar com base em fatos, dados e informações confiáveis, para formular, negociar e defender ideias, pontos de vista e decisões comuns que respeitem e promovam os direitos humanos, a consciência socioambiental e o consumo responsável em âmbito local, regional e global, com posicionamento ético em relação ao cuidado de si mesmo, dos outros e do planeta.

Como contribuir:

- Procure criar em casa uma percepção de que nem toda conversa ou discussão precisa terminar com uma das partes vencendo a outra nem com um acordo definitivo logo de primeira. Às vezes, é preciso mais de uma conversa para que todos consigam enxergar o lado dos outros.
- Combine pelo menos um momento de leitura em família ao longo da semana.
- Experimente, de tempos em tempos, pesquisar sobre alguma notícia em diferentes veículos de comunicação e debater com seus filhos como é possível ter diferentes interpretações de uma mesma situação ou fato.

8) Conhecer-se, apreciar-se e cuidar de sua saúde física e emocional, compreendendo-se na diversidade humana e reconhecendo suas emoções e as dos outros, com autocrítica e capacidade para lidar com elas.

Como contribuir:

- Preserve pequenos rituais de higiene e autocuidado no cotidiano da família. Atitudes simples como vestir a camisa antes de sentar à mesa, lavar as mãos, escovar os dentes podem parecer simples, mas fazem uma grande diferença quando são cultivadas e entendidas como importantes para todos na família.

- Crie o hábito de deixar os celulares fora da mesa de refeições e também para que se tenha um uso cuidadoso deles no dia a dia, preservando a saúde mental e emocional de todos.

- Procure informar-se com profissionais de nutrição ou medicina se os hábitos alimentares de seu lar estão bem cuidados. Torne essa atitude de busca um hábito associado ao amor-próprio.

9) Exercitar a empatia, o diálogo, a resolução de conflitos e a cooperação, fazendo-se respeitar e promovendo o respeito ao outro e aos direitos humanos, com acolhimento e valorização da diversidade de indivíduos e de grupos sociais, seus saberes, identidades, culturas e potencialidades, sem preconceitos de qualquer natureza.

Como contribuir:

- Inspire seus filhos a perceberem a importância de gestos de solidariedade, empatia, compaixão e companheirismo. Valorize situações nas quais atitudes de cuidado com o outro foram manifestadas.

- Cultive o hábito de manifestar empatia uns pelos outros. Perguntas, como "Posso ajudar?", "Você está bem?", "Do que você precisa?", "O que está sentindo?", podem ajudar muito nesse sentido.

- Estimule a autocompaixão. Quando errar ou obtiver resultados diferentes do esperado, vocês também podem dizer a si mesmos, ou uns para os outros, palavras gentis e carinhosas em vez de se maltratarem, ofenderem-se ou se colocarem para baixo. Desenvolvam, você e sua família, a mentalidade de crescimento com uma atitude positiva em relação a si próprios.

10) Agir pessoal e coletivamente com autonomia, responsabilidade, flexibilidade, resiliência e determinação, tomando decisões com base em princípios éticos, democráticos, inclusivos, sustentáveis e solidários.

> ### Como contribuir:
>
> - Procure cultivar no dia a dia da família a polidez e a consideração com o outro. Palavras mágicas, como "por favor", "obrigado", "com licença", "desculpe", "bom dia", fazem toda a diferença na formação de uma malha social humanizada.
> - Interrompa atitudes de fofoca, maledicência e mesmo críticas vazias a outras pessoas. Estimule seus filhos a usarem da palavra para agregar e nunca para maltratar.
> - Valorize cada situação na qual perceba uma atitude cidadã por parte de seus filhos. Pequenas gentilezas, atos de solidariedade, atitudes cooperativas merecem o seu elogio e, claro, o seu exemplo.

Essas 10 competências devem perpassar todos os conteúdos didáticos dos segmentos da Educação Básica (Educação Infantil, Anos Iniciais e Anos Finais do Ensino Fundamental e Ensino Médio).

Porém, elas não estão ligadas apenas à vida escolar, sendo cada vez mais necessárias no mundo do trabalho. Não se trata de um modismo, e sim de uma necessidade para que os filhos consigam se adaptar às mudanças que estão ocorrendo, e vão continuar a ocorrer, e superar os obstáculos que eventualmente vão surgir em seu caminho. Esse é um desafio tão complexo e tão importante que não pode e não deve ser desenvolvido apenas pelos educadores.

Com certeza, a escola tem um papel fundamental em preparar os alunos não apenas para obter os conhecimentos essenciais e necessários para o seu desenvolvimento e para a vida adulta. Porém, quando se trata de formar cidadãos, prepará-los para a vida adulta, desenvolver competências e habilidades, isso não se circunscreve unicamente ao ambiente escolar, ao contrário.

Nesse aspecto, a atuação conjunta entre escola e família no estímulo ao desenvolvimento das competências socioemocionais pode contribuir efetivamente na formação dos jovens para a vida, não apenas para as avaliações escolares.

Nesse momento em que a pandemia da Covid-19 impactou tão fortemente a vida de todos, especialmente dos estudantes, é fundamental que a família busque compreender como os filhos estão se sentindo em relação à situação como um todo e também à volta às aulas presenciais. Este é um ponto que pode causar reações diversas entre crianças e jovens. Estar disposto a ouvir, conversar e acolher a insegurança dos filhos, além de aproximar afetivamente os membros da família, pode abrir um canal de comunicação entre eles que lhes dê mais segurança para enfrentar os desafios que vêm pela frente.

A definição de competências pode envolver diversas perspectivas, e não necessariamente há uma única visão sobre a temática. A BNCC, por exemplo, define competência como "a mobilização de conhecimentos (conceitos e procedimentos), habilidades (práticas, cognitivas e socioemocionais), atitudes e valores para resolver demandas complexas da vida cotidiana, do pleno exercício da cidadania e do mundo do trabalho" (BNCC, 2018, p. 8).

Uma outra definição interessante é a do sociólogo suíço Philippe Perrenoud, conhecido por suas contribuições na área da educação. Em seu livro *Desenvolver competências ou ensinar saberes*, ele afirma que a competência é a condição para que a pessoa chegue a um determinado desempenho, é o poder de agir com eficácia em certo momento, mobilizando, para isso, elementos intelectuais e emocionais.

Pode-se então identificar que a ideia de competência envolve a mobilização de capacidades voltadas para uma ação. O mundo, como falamos no início, apresenta diante de nós desafios cada vez mais complexos, que exigem não apenas conhecimentos para solucioná-los, mas competências para encontrar caminhos para agir com mais rapidez e sustentabilidade. A verdade é que estamos constantemente aprimorando habilidades e desenvolvendo competências que não se esgotam na trajetória escolar ou universitária, ao contrário, a vida é tão dinâmica e imprevisível que não é possível prever com exatidão quais serão as competências necessárias para o futuro que virá. Nesse sentido, escolas, famílias e todos nós compartilhamos da tarefa de nos preparar e auxiliar as novas gerações a prepararem-se também.

Yuval Noah Harari, historiador israelense citado anteriormente, demonstra em sua obra alguns dos desafios que todos estão enfrentando ou que enfrentarão nos mais diversos âmbitos e temas: trabalho, tecnologia, política, guerras, terrorismo, sistema econômico, sistema de justiça, educação, entre outros. Isso para dar apenas um exemplo das inúmeras questões que se apresentam e que exigem de todos não apenas informação e conhecimento, mas as chamadas competências para navegar por mares incertos e buscar novas rotas para os novos dilemas.

Uma educação baseada em valores, em um projeto de vida familiar e no desenvolvimento de competências que poderá formar cidadãos conscientes e éticos para aumentar as possibilidades de enfrentar o futuro desafiador que se desenha no horizonte com eficácia. Oferecer esse tipo de educação aos filhos não é uma tarefa fácil, mas não fazê-lo será muito pior – não só para seu próprio filho e sua família, mas para toda a sociedade. A cada dia é possível, sim, recomeçar, recriar e renovar a própria existência olhando para si mesmo e para os outros com um outro olhar.

Sabe-se que situações prolongadas de estresse geram diversos impactos na saúde física, emocional, nos aspectos cognitivos, sociais, comportamentais, entre outros. Praticar atitudes de acolhimento, orientação, escuta, diálogo é extremamente positivo. Isso significa que atitudes de julgamento, diminuição dos sentimentos alheios, ironia, desvalia ou exigências e cobranças exageradas devem ser evitadas.

Escola e família de mãos dadas

Nosso percurso até aqui procurou lapidar o olhar e a atitude dos adultos diante de crianças e jovens. É a partir da visão dos pais que se formará boa parte da perspectiva da atitude que os filhos terão diante de si, dos outros e da vida como um todo.

Estamos todos diante de um momento de mudanças intensas e de um mundo cada dia mais desafiador, e isso exige de nós uma atitude consciente e responsável, cooperativa e solidária, em especial nas relações entre a escola e a família. A instituição escolar é muito mais do que uma entidade transmissora de conteúdos para se passar no vestibular ou no Enem. Ela é a parceira da família e da sociedade em um processo formativo extremamente rico e complexo. Sozinha, a escola não tem como promover a excelência no andamento ou no rendimento escolar e, portanto, a entidade escola precisa andar de mãos dadas com a entidade família, em um *continuum* de processos e responsabilidades que ora se adicionam, ora conflitam.

Procuramos, ao longo de nosso texto, traduzir a percepção do conflito como algo inerente à vida humana. Temos conflito com nós mesmos, como não os teríamos na relação com os demais? Mas em vez de atacar, podemos, todos, estender a mão, amansar o coração e oferecer o nosso melhor com vistas à manutenção do bem comum e àquilo que é o interesse maior de todos: o pleno desenvolvimento dos filhos, dos alunos.

Acreditamos que com companheirismo e cooperação é possível ultrapassar, ao menos em parte, a angústia desses tempos desafiadores por meio de uma postura humanizada e comprometida de todos os envolvidos para que as competências cognitivas e socioemocionais sejam, de fato, não só aprendidas pelos alunos, mas vividas por todos os agentes envolvidos na formação integral deles.

Educar é cuidar da humanidade uma pessoa por vez. Cada filho, cada filha, leva dentro de si a semente do amanhã. Diante dos ventos que já nos chegam dos novos tempos, não podemos nos esquivar de arar a terra de nossos corações para acolher essas crianças e jovens de hoje, estimulando-os a se tornarem os seres humanos que merecem ser: seres ativos e proativos diante de sua própria vida, pessoas que protagonizem escolhas voltadas a projetos de vida nobres e sustentáveis. Isso começa com a educação de nós mesmos. É hora de elevar a expectativa que temos diante de nosso próprio espelho, perguntando-nos que tipo de pais e mães nos comprometemos a ser para inspirar nossos filhos à melhor versão de si mesmos.

CAPÍTULO 2

Protocolos de convivência:
Segurança para a volta às aulas presenciais

Erlei Sassi Jr.[10]
Fernanda Martins Sassi[11]

Estamos escrevendo para o futuro. E o futuro ainda é incerto. O nosso futuro. Mas avisamos: é um texto carregado de otimismo, a vida irá continuar. Também não falaremos sobre retorno, e sim sobre continuação. De quase tudo, inclusive dos sonhos.

Tudo começou quando ouvimos falar que do outro lado do mundo algo invisível estava a ameaçar a vida das pessoas. O cenário pelo mundo foi, então, se agravando com os efeitos letais do novo coronavírus, e o que antes era apenas uma ameaça distante chegou até nós, despertando angústia e medo, uma das emoções mais importantes. Não estávamos preparados. Muita coisa mudou e ainda estamos tentando nos adaptar.

Aspectos socioemocionais

As mudanças são encaradas e absorvidas de forma diferente por cada pessoa. Algumas sofrem mais com os impactos causados pelas mudanças, especialmente quando ocorrem de maneira drástica, e podem desenvolver traumas.

---

[10] **Erlei Sassi Jr.** é médico, terapeuta, trabalha no SUS. Está envolvido em atividades de ensino, pesquisa e assistência na Faculdade de Medicina da Universidade de São Paulo (FMUSP). E é pai de duas meninas.

[11] **Fernanda Martins Sassi** é médica psiquiatra, terapeuta, está envolvida em atividades de ensino, pesquisa e assistência na FMUSP e é mãe.

Pode-se definir catástrofe como um acontecimento desastroso de grandes proporções, e é exatamente o que temos vivenciado com a pandemia da Covid-19, por seu impacto nos aspectos psicológicos, de saúde, financeiros e sociais.

Em analogia, uma experiência de magnitude tão elevada que o indivíduo não seja capaz de suportar, em que suas estruturas emocionas são rompidas, é uma verdadeira catástrofe psicológica, que pode deixar sequelas, as quais chamamos de trauma.

A palavra "trauma" vem do grego e pode ser entendida como "lesão causada por agente externo". Mais tarde, com o tempo, a palavra passou a ser aplicada também na representação do mundo psicológico, principalmente por Freud. Quando um evento catastrófico causa um trauma, ele passa a ser denominado de evento traumático.

Eventos traumáticos

Estima-se que praticamente metade da população passe por eventos potencialmente traumáticos durante o período de vida. No entanto, vale destacar que nem todo evento catastrófico desencadeia um transtorno psiquiátrico ou agrava transtornos já vivenciados por uma pessoa. Não se pode definir um conceito de "reação universal" ao evento catastrófico. Há muitas particularidades nesse processo. Quando esse tipo de evento ocorre, nem todas as pessoas passam pelo trauma, e as que passam podem reagir a ele de modo diverso, com sintomas depressivos, ansiosos ou agressivos, por exemplo. Cada pessoa sente e se expressa de forma única.

Para se compreender os aspectos socioemocionais relacionadas ao trauma, é essencial definir quais são os eventos potencialmente traumáticos. Assim, alguns exemplos de eventos potencialmente traumáticos são: catástrofes naturais, morte de pessoas próximas, acidentes (automobilísticos, incêndios) e violência em suas variadas manifestações, como violência emocional, física, sexual, urbana (assaltos, brigas) e doméstica.

Também é importante conhecer e identificar os transtornos psiquiátricos associados a traumas. Como exemplos, podemos citar: transtorno do estresse pós-traumático, depressão, transtornos do espectro da ansiedade, transtorno obsessivo-compulsivo, ansiedade generalizada e ansiedade paroxística episódica, que é o conhecido transtorno do pânico.

Por que os traumas acontecem?

Os traumas advêm de um desequilíbrio entre a sensibilidade emocional do indivíduo, a intensidade do evento e o tempo de exposição a ele. No caso da pandemia, alguns fatores aumentam as chances de esse evento impactar negativamente as pessoas: a sensação de insegurança prolongada, o medo excessivo de contaminação, que acaba afetando a rotina diária, a exposição constante a notícias alarmantes, o adoecimento ou a morte de pessoas próximas, etc.

Como identificar os traumas?

Geralmente, a pessoa afetada apresenta alteração de comportamento repentina que pode ser relacionada a um evento específico. Cada indivíduo pode desenvolver um sintoma mais marcante, mas com frequência são relacionados a medos e fobias.

Comportamentos advindos do trauma

O sintoma mais comum é o medo inexplicável que toma conta do indivíduo, acompanhado de reações físicas como falta de ar, taquicardia, formigamento, angústia e dor torácica.

Outros sintomas possíveis são mais perigosos e traiçoeiros, como perda de interesse generalizada por qualquer tipo de atividade, evitar contato com pessoas com frequência, cansaço crônico, alteração do sono e do apetite, abuso de álcool e substâncias para tentar suavizar o que está sentindo.

Trauma em crianças

O contexto de pandemia no qual estamos inseridos pode trazer prejuízo às crianças também. Ao que parece, elas apresentam menos sintomas físicos causados pelos efeitos da Covid-19 em seus mais amplos aspectos. Entretanto, os impactos em seu desenvolvimento emocional podem se manifestar, alterando seu curso normal. As restrições de convívio e o confinamento podem provocar grandes estresses nas relações familiares, o que afeta as crianças. Não passamos por algo assim antes. A referência que temos para as considerações sobre essa faixa etária são alguns estudos em populações infantis que passaram por traumas relacionados a desastres naturais.

Os sintomas por faixa etária

Muitas crianças e jovens podem estar enfrentando traumas provocados pelo momento delicado que todos estamos atravessando. Por isso, é importante que pais, familiares e educadores estejam atentos a qualquer mudança de comportamento a fim de ajudá-los. A seguir, apresentamos uma breve relação de possíveis sintomas por faixa etária.

POSSÍVEIS SINTOMAS POR FAIXA ETÁRIA	
Crianças da Educação Infantil (4-5 anos)	aumento da irritabilidade; relutância em se separar dos pais, inclusive para ir à escola; agitação ao anoitecer; desejo de dormir no quarto com os pais; choro frequente e estado manhoso; perda de apetite.
Crianças e adolescentes dos Anos Iniciais e dos Anos Finais do Ensino Fundamental (6 a 14 anos)	roer as unhas; vontade frequente de urinar; queda do rendimento escolar; queixas físicas inespecíficas que levam a faltas às aulas e idas frequentes ao pediatra (por exemplo, dor de barriga); sensação de tristeza; isolamento; agitação ao anoitecer; medo de dormir e ter pesadelos, que podem ser frequentes; choro fácil; queixa de falta de ar; alteração do apetite (perda ou aumento);

POSSÍVEIS SINTOMAS POR FAIXA ETÁRIA	
	alteração do apetite (perda ou aumento); intolerância nas relações interpessoais, reagindo de forma exagerada a estímulos pequenos (por exemplo, chorar compulsivamente quando souber que não poderá jogar em grupo devido à necessidade de distanciamento ou gritar e atirar coisas ao ser orientado que não deve emprestar objetos ao amigo como cuidado para evitar contaminação)
Adolescentes e jovens do Ensino Médio (15 a 17-18 anos)	aumento da irritabilidade; abandono das atividades escolares; descuido pessoal; queixas físicas de taquicardia, formigamento e falta de ar; insônia e pesadelos; perda de prazer e alegria; sensação de tristeza e angústia; recorrência de pensamentos ruins e medo de tragédias com pessoas próximas (como que alguém vai adoecer, sofrer um acidente, morrer); isolamento, evitando encontrar pessoas e ficando explosivo caso se sinta pressionado a isso; discurso recorrente de desesperança e perda de propósito (não adianta estudar, trabalhar, é tudo em vão).

O que fazer ao identificar um aluno com traumas?

Informar a família e ajudar na busca de um profissional da saúde mental. A família deve estar tão atenta como a escola e, sem dúvida, seu apoio será fundamental na recuperação da criança ou do jovem.

A melhor conduta a se tomar ao identificar membros da família ou alunos com sintomas é evitar buscar culpados e se informar imediatamente sobre como apoiar uma pessoa em recuperação de um trauma emocional.

Além do aumento da incidência dos transtornos mentais pelos traumas causados pela pandemia, haverá a reação natural do luto.

O luto

O luto é um processo de adaptação que se inicia quando ocorre uma mudança importante na vida da pessoa. Existe a percepção de que a vida não será mais a mesma a partir daquele evento. Uma situação frequente de luto é desencadeada pela morte de alguém, mas outras perdas podem ser geradoras de luto também. Apesar de doloroso, quando é encarado com êxito pode marcar o início de uma nova fase de vida.

É possível classificar o luto de várias maneiras. Optamos por dividi-lo em três momentos: crise, desorganização e organização. A crise ocorre quando se percebe a mudança e resulta em negação e raiva. Na fase da desorganização, soma-se à negação e à raiva a barganha, não existe canalização de energia psíquica para a resolução do luto. Já na organização, ocorre depressão e aceitação, e a energia psíquica é utilizada para a aceitação da realidade e reorganização da vida.

A vivência desse processo, bem como sua identificação, passa por diferentes formas de apresentação relacionadas a cada fase do amadurecimento emocional, que podem ser agrupadas, por aproximação, por faixas etárias dos segmentos de ensino. Apesar de as crianças apresentarem uma grande capacidade de adaptação, mudanças muito abruptas interferem de forma marcante em suas vidas. Lutos patológicos e exacerbação de quadros psiquiátricos (ansiosos, depressivos) prévios podem advir.

O LUTO EM CADA FAIXA ETÁRIA

EDUCAÇÃO INFANTIL (4-5 ANOS)

Para crianças pequenas, o luto pode ser bem complicado. Elas têm muita dificuldade com a linguagem verbal e a nomeação de emoções. Os pequenos podem vivenciar tanto a perda em si quanto os desdobramentos na família, como, por exemplo, a diminuição da disponibilidade inclusive emocional de seus cuidadores. Nessa faixa etária, pensamentos de culpa podem aparecer como se eventos de vida e morte dependessem exclusivamente dos desejos da criança. Falas como "sou uma criança má", "mereço ficar sozinha", "devo ser castigada" são sinais que devem ser levados a sério e indicam necessidade de uma avaliação profissional.

ANOS INICIAIS DO ENSINO FUNDAMENTAL (6 A 10 ANOS)

As perdas nessa fase podem ser marcadas por retração, raiva com questionamentos de injustiça, busca por culpados e explicações que podem ser fantasiosas. Podem aparecer como sintomas alteração do sono, medos inexplicáveis, diminuição do apetite e comportamentos regredidos para a idade cronológica. Apesar de um vocabulário mais desenvolvido, crianças dessa faixa etária podem ter dificuldade em verbalizar emoções e sentimentos. Falas de culpa também podem ocorrer. O entendimento da morte já está presente em algumas crianças, por isso, o papel da família é importante na busca da compreensão e tradução desse evento. Como na fase anterior, podem ser duplamente afetadas tanto pela perda sentida em si como na diminuição de cuidados externos. A informação sobre o vírus e de como a doença acontece com os reflexos disso na rotina das pessoas pode ajudar a aceitação, visto a concretude que é comum nessa fase.

ANOS FINAIS DO ENSINO FUNDAMENTAL (11 A 14 ANOS)

O processo pode ser marcado por alteração do sono, medo que é expresso por irritabilidade e comportamentos opositivos, e alteração do apetite. Desinteresse pelas atividades com o argumento de que os esforços serão infrutíferos. A sensação de impotência e falta de controle pode ser percebida, mas, como os recursos emocionais são pequenos, pode haver o uso excessivo de jogos eletrônicos, nos quais pode exercer maior controle sobre os personagens e a vida. O acolhimento desses comportamentos, com uma busca ativa de nomeação de emoções e sentimentos e sua validação, pode ajudar com a organização emocional e aceitação. É muito comum os pais e familiares se sentirem ambivalentes diante desses comportamentos e, às vezes, iniciarem conflitos que despertam na criança sensações de incompreensão e solidão.

O LUTO EM CADA FAIXA ETÁRIA

Pensando em perdas e mudanças que não sejam só relacionadas à morte, nas fases dos anos iniciais e finais do Ensino Fundamental, pode ocorrer de crianças com mais suporte e condições socioeconômicas confortáveis, que estejam próximas dos pais, reforçando laços e gerando rotinas de mais apego, apresentarem resistência ao retomar o modelo anterior de convivência. E, em outro extremo, crianças privadas de assistência pela necessidade de os pais trabalharem, expostas à violência, vivenciando desamparo, inclusive nutricional, que retornarão à rotina escolar com medo, mas por necessidade. E quantas outras situações mistas entre esses dois polos. Isso torna as possibilidades de traumas e luto infinitas, cabendo aos familiares, aos responsáveis e à comunidade escolar estarem atentos.

ENSINO MÉDIO (15 A 17-18 ANOS)

Nessa fase, é perceptível a mudança no padrão das relações interpessoais. A família não é mais o centro dessas relações, para a maioria dos adolescentes. As relações são mais intensas com o grupo além dos muros familiares. Existe uma maior cobrança sobre o futuro profissional por parte dos pais e da sociedade. Interrupções marcantes nesse curso da vida, então, são mais difíceis de serem aceitas. O desejo de voltar para um passado próximo torna-se mais forte. Assim, é muito esperado que as fases de negação e de revolta sejam mais intensas, associadas à crescente autonomia, independência e diferenciação. Componentes relacionados a processos de racionalização são recursos utilizados para enfrentamento, que se alternam com um pensamento subjetivo de onipotência de maior ou menor duração. Alguns jovens experimentarão, após esse período de revolta, episódios de intensa tristeza, sentimentos de desesperança e descrença que podem gerar abandono dos estudos. É comum isolar-se no quarto.

Olhando de perto o luto, verificamos singularidades e pessoalidades. Assim, o luto pode ser vivido de forma una e múltipla simultaneamente. É pessoal e solitário, é coletivo e compartilhado. O mundo não será mais o mesmo. Ocorreram perdas, materiais e afetivas, mas as vivências são únicas.

Planejar é prever, pensar saídas, não atropelar necessidades. Mitigar as perdas de aprendizagem sim, mas sempre atentos ao tempo de cada pessoa para se recuperar emocionalmente dessa catástrofe causada pelo novo coronavírus.

No retorno à convivência no ambiente da escola física, haverá um turbilhão de desejos, vontades e necessidades, permeados pelas mais variadas emoções. Por isso, é essencial se perguntar o que é necessário nesse momento. Os alunos farão questionamentos delicados, que gerarão decisões a serem tomadas com a participação das famílias e, quando pertinente, dos alunos também, tendo em vista que suas vidas acadêmicas sofrerão um impacto, variável de acordo com a fase de aprendizagem. Equacionar a recuperação e a reorganização do conteúdo curricular com a saúde física e mental dos alunos e de toda a comunidade escolar não será tarefa fácil. São muitos desafios a enfrentar em um vasto país como o nosso, com condições sociais heterogêneas, em que o papel da escola muitas vezes não se limita à convivência e ao ensino, mas em suporte social e alimentar. Variáveis que também devem ser levadas em consideração.

A preocupação com os protocolos de saúde e higiene, garantindo que todos possam trabalhar com segurança, a acolhida emocional de estudantes, familiares e profissionais da escola, além de todas as situações descritas anteriormente, demonstram o quão complexo será essa retomada presencial.

Fica claro então que a preparação para o retorno implica planejamento. E esse planejamento deve levar em conta a possibilidade de termos que conviver com o vírus por muito mais tempo, mudando a forma de se estabelecer relações. Hierarquizar as necessidades, organizando-as em objetivos, seguidos de planos de ação e estabelecendo prazos para serem alcançados (metas), é um caminho possível. É preciso encontrar um equilíbrio entre os protocolos oficiais de saúde, o calendário escolar, os conteúdos pedagógicos e o diagnóstico, o auxílio e a recuperação da saúde mental de toda a comunidade escolar. Sem dúvida, a faixa etária, o suporte familiar e a estrutura a ser oferecida na escola tornarão cada solução única. Aqui vamos expor questões universais que podem e devem ser pensadas e adaptadas para cada perfil escolar, levando-se em conta suas particularidades.

Como equacionar o
relacionamento físico e emocional?

As competências gerais da Base Nacional Comum Curricular (BNCC) que estruturam e guiam o Ensino Básico no Brasil dão enfoque às competências socioemocionais, que devem ser aprendizagens essenciais na escola. Segundo o documento, as competências socioemocionais são fundamentais para que os alunos sejam capazes de respeitar e expressar sentimentos e emoções, atuar em grupo e demonstrar interesse em construir novas relações, respeitando a diversidade, e conhecer e respeitar regras de convívio social. Essas competências são aprendidas e treináveis. A escola pode, então, ser percebida como um microcosmo para o desenvolvimento dessas ferramentas emocionais que serão úteis para a vida toda e que, neste momento em especial, ajudarão também na compreensão e no cumprimento dos protocolos oficiais de higiene, saúde e convivência preconizados para o retorno das aulas presenciais.

Importância de desenvolver as habilidades socioemocionais (HSE)

O retorno é marcado pelo encontro de pessoas. As pessoas e suas histórias – antes e depois da pandemia. Os encontros entre as pessoas são únicos. Descrever as várias possibilidades e o desenrolar desses encontros torna-se algo muito complexo. Por isso, vamos abordar ferramentas que podem ser evocadas em diversas situações, para administrar a mais variada gama de emoções e sentimentos que certamente virão.

Quando crianças e jovens passam por intensas emoções e sentimentos que não são acolhidos, pode ocorrer o atraso ou o não desenvolvimento de algumas habilidades socioemocionais, podendo até causar distorções. Por isso é necessário que familiares e educadores estejam atentos. Modelos de relação social podem se restringir unicamente à família, que, muitas vezes, está submetida a situações extremamente estressantes. Agravamento de quadros psiquiátricos e doenças clínicas anteriores à pandemia, isolamento social, aumento do uso de álcool, fome, desemprego são fatores que podem desencadear esse turbilhão de sentimentos.

Nesse cenário, nossa reflexão vai partir da identificação e definição de 11 habilidades socioemocionais para, em seguida, fazer um diagnóstico de sua presença e abordar práticas que estimulem o desenvolvimento desses recursos.

Nosso primeiro passo, então, será descrever brevemente essas competências socioemocionais.

Empatia: é o exercício de se colocar no lugar do outro com a finalidade de compreender sentimentos e emoções experimentados em uma determinada situação por uma outra pessoa. Para que ela de fato aconteça, é necessário identificar e nomear emoções e sentimentos primeiramente em nós para depois poder percebê-los no outro.

Felicidade: é estar bem com o próprio espírito, a mente e o corpo. É um estado, portanto, por definição, passageiro, porém de grande importância, pois é combustível para mudanças. É estar em sintonia com os próprios valores, decisões e atitudes, com o que se pensa, fala e faz. Ser feliz é estar pleno no aqui e no agora.

Autoestima: é o julgamento, a apreciação que cada um faz de si mesmo, a capacidade de gostar de si. Apresenta uma característica dimensional que pode variar ao longo da vida do indivíduo e sofrer influências externas por meio de valores e crenças.

Ética: é a condição do ser humano de avaliar a sua conduta ou a de outra pessoa com base nos valores de uma sociedade. Graças à ética, sabemos diferenciar o que é bom e o que não é, se alguém é respeitável ou corrupto, leal ou indigno, etc. É, enfim, a capacidade de decidir com base na valoração social.

Paciência: permite que um indivíduo suporte situações desagradáveis, sem perder a calma e a concentração.

Autoconhecimento: é conhecer a própria essência e ter pleno domínio de si mesmo, em pensamentos, desejos, esperanças, frustrações e crenças. Esse conceito permite traçar um mapa pessoal e dá ao indivíduo a oportunidade de interpretar melhor quem é e, principalmente, aonde se quer chegar.

Confiança: envolve a segurança de si e do próximo, pois significa a crença de que certos resultados ou consequências serão alcançadas em determinadas situações. A confiança está relacionada com a sensação de olhar para o futuro e ter estabilidade para manter um plano apoiado em suas próprias capacidades.

Responsabilidade: é cumprir com o dever de assumir as consequências provenientes dos próprios atos. Ser responsável implica aceitar as consequências de ações desastrosas. A responsabilidade não está relacionada apenas a atos impensados, mas está ligada também a se enxergar como agente nas decisões produtivas e acertadas. O senso de responsabilidade é muito útil quando ajuda a refletir antes de agir, já que as consequências são consideradas parte do processo de decisão.

Autonomia: refere-se à capacidade que os seres humanos têm de poder tomar decisões e agir por si, sem necessidade de ajuda. É estar empoderado da capacidade de decidir de forma livre e espontânea.

Criatividade: é a capacidade de usar habilidades para criar ferramentas ou adaptar-se ao meio. É encontrar respostas ou descobrir maneiras de inovar a fim de melhorar a vida cotidiana.

Resiliência: representa a capacidade de se adaptar a situações diversas. Extremante necessária para enfrentar imprevistos, ela permite superar obstáculos rumo aos objetivos.

Nosso segundo passo é apresentar uma teoria, que chamaremos de modelo, sobre as emoções e como elas estão envolvidas com a gênese e o desenvolvimento dessas 11 habilidades socioemocionais.

O modelo

Há muita divergência entre os estudiosos e pesquisadores sobre as definições de *emoções*, *sentimentos*, *estado* e *crenças*. A diferenciação entre eles é importante para se ter clareza de como e o que trabalhar no desenvolvimento das habilidades socioemocionais. Por isso, apresentaremos a seguir a definição desses quatro termos que baseiam a nossa reflexão.

Emoções: é aquilo que nos move, mobiliza. Consideramos as emoções como componentes do mundo mental. Uma reação física e psíquica a estímulos externos. Elas possibilitam a manutenção da vida, portanto, são qualitativamente boas. Os atos, esses sim, podem ser ruins ou desadaptativos. Comumente, algumas emoções (como raiva, medo, nojo) são tidas como ruins ou indesejáveis, porém, esse tipo de julgamento traz a negação de sua presença, o que gera dificuldade em acessar essas emoções para serem trabalhadas.

Vários modelos (ou teorias) podem ser encontrados na literatura especializada. Apresentamos aqui um modelo constituído de sete emoções. São cinco emoções básicas que acompanham o indivíduo desde o nascimento: alegria, tristeza, medo, nojo e raiva. E duas emoções sociais, que são culpa e vergonha.

Alegria: emoção que atribui sentido à vida e dá força para prosseguir, crescer, aprender, melhorar. Ela incentiva a pessoa a seguir em frente, e sua ausência permite o surgimento de outras emoções.

Medo: emoção que se desenvolve desde a primeira infância. Surge da percepção, real ou imaginada, de um perigo iminente. O organismo, então, coloca-se em estado de alerta, pronto para se defender da ameaça física ou psicológica. O medo é também considerado uma emoção útil, pois torna a pessoa mais atenta. Dimensional, pode ir desde um pequeno receio até uma fobia, um estado de paralisia.

Raiva: emoção que leva a pessoa a agir em decorrência do aumento das frequências cardíaca e respiratória e do tônus muscular. Ela surge como consequência de uma frustração, seja por um imprevisto, seja por uma agressão verbal ou física.

Nojo (ou aversão): emoção que pode proteger o indivíduo em ocasiões específicas, como evitar a ingestão de alimentos estragados. Vem acompanhada de sensação de mal-estar, desmaio ou náuseas. Trata-se de uma proteção natural que evita males à saúde.

Tristeza: emoção complexa, cujas manifestações fisiológicas mais comuns são o choro, o aperto no peito e a falta de estímulo para continuar. Costuma surgir quando ocorre alguma perda, menor ou maior, como uma elaboração secundária da raiva.

Não deve ser confundida com depressão. Pode ajudar em processos de autorreflexão e autorresponsabilização pelos próprios atos.

Culpa: emoção que resulta da autorreflexão sobre um ato cometido e pelo qual a pessoa se sente responsável. Vem acompanhada de um desejo de se esconder, de ocultar o ato condenável: o corpo fica tenso e, geralmente, provoca perda de apetite e de energia.

Vergonha: resulta da reflexão sobre si mesmo e da percepção que o indivíduo tem do que os outros pensam dele. Ao sentir vergonha, são comuns sintomas como rubor da face, tremores, boca seca. Sentir vergonha pode ajudar a pessoa a evitar atitudes que a excluiriam de um grupo, por exemplo.

Sentimentos: as emoções, quando cognitivamente processadas, constituem sentimentos. Mas o que significa processar uma emoção? É pensar, decantar, elaborar essa emoção para que se transforme em um sentimento. Tal transformação ocorre por meio das seguintes ações: nomear, quantificar, adequar e comparar. Feito isso, os sentimentos vão resultar em atos, que, por terem atravessado todas essas etapas, não serão impulsivos, podendo até ser adaptativos e adequados socialmente. Atos que são fruto de emoções maciças e não entendidas (processadas) geralmente são impulsivos e, com frequência, desastrosos. Por exemplo, como desenvolver empatia se não conseguirmos nomear emoções em nós mesmos?

Estado: é uma condição passageira motivada por uma emoção ou sentimento, que podem ser felicidade, exaustão, perplexidade, estado de alerta, incerteza.

Crenças: são geralmente ideias preconcebidas, que não são questionadas ou postas à prova e, com frequência, transmitidas por núcleos sociais (família, amigos, etc.). Um exemplo de crença é: "o que é bom para mim sempre é bom para o outro". Crenças podem ser de dois tipos, as que impulsionam e as limitantes, e estão envolvidas nas tomadas de decisão, ao lado das emoções, sentimentos e estado.

Vamos acrescentar aos quatro termos apresentados, emoções, sentimentos, estado e crenças, a definição de mais um, igualmente importante para nossa reflexão.

Construtos: são elementos híbridos do mundo emocional, compostos por vários fatores. Por exemplo:

saudade = distância + amor -> tristeza
(impulsiona a volta, se possível)

Uma das funções das habilidades socioemocionais é promover um convívio mais saudável em sociedade por meio do entendimento de si mesmo, de como estamos inseridos na sociedade, dos papéis que desempenhamos (esposo, filha, amigo, mãe, irmã, profissional, vizinho…) e de como nossas escolhas e ações impactam no individual e no coletivo. Uma das formas de desenvolver as habilidades socioemocionais é por meio do acesso às emoções.

Assim, apresentaremos a seguir um método que relaciona as emoções e seus desdobramentos com as habilidades socioemocionais. Acreditamos que a maneira como processamos, trabalhamos e expressamos as emoções resulta em atos mais ou menos adaptativos socialmente, regulando, assim, a aquisição das habilidades desejadas. Partindo do pressuposto de que o caminho para desenvolvê-las passa por nomear, reconhecer e pensar as emoções, base fundamental da formação de sentimentos, esse processo favorece potencialmente o autoconhecimento, norteando estratégias para melhor entender e se relacionar consigo e com os outros.

Um bom caminho é começar trabalhando com a apresentação e redefinição das emoções, desmistificando serem boas ou ruins, e atribuindo esse julgamento aos atos. No início, essa tarefa é um tanto difícil, pois as pessoas geralmente negam sentimentos e emoções tidas socialmente como indesejáveis.

Uma vez nomeadas as emoções, passe aos sentimentos, que, para serem mais bem compreendidos, sempre que possível devem ser decompostos em emoções, sendo, assim, também isentos de julgamentos. O julgamento atrapalha o processo, muitas vezes impossibilitando o acesso à emoção. Veja alguns exemplos:

mágoa = tristeza + raiva
fobia: = medo + nojo
prudência = medo + alegria + tristeza

Ao ajudar as pessoas a nomearem o que sentem e pensarem a respeito desses sentimentos, os construtos podem aparecer. O ideal, nesses casos, é buscar uma "fatoração" dos construtos, identificando e nomeando seus componentes, assim como fizemos anteriormente em relação aos sentimentos.

Manifestações muito intensas ou polêmicas devem ser contornadas sempre com a orientação de que a busca é pelo entendimento, e não pela cisão do grupo.

Como trabalhar as habilidades socioemocionais de forma prática?

As habilidades socioemocionais podem ser desenvolvidas em conjunto com a construção do conhecimento sobre as novas normas de convívio na escola. Com certeza, todos terão muitas histórias para contar sobre seus dias de isolamento social. Ouvir e acolher já ajuda muito, mas podemos usar de meios mais estruturados.

As técnicas mais usadas são momentos de conversa, dinâmicas de aquecimento e resoluções de situações-problema. Todas devem ser adaptadas para cada faixa etária, também de acordo com o domínio e a preferência do professor.

Uma abordagem possível é eleger o tema, ou seja, qual a habilidade a ser abordada, e escolher o foco, isto é, qual nuance será trabalhada. Por exemplo, o tema pode ser a empatia, e o foco a empatia diante do medo de ficar doente. O tema pode ser também uma emoção, e o foco pode ser um desdobramento dela. Em seguida, escolhe-se um elemento disparador lúdico, que pode ser uma música, um curta-metragem, uma tirinha, uma imagem, uma poesia, enfim, algo que sirva como estímulo concreto para iniciar a reflexão, partindo da emoção, do seu reconhecimento e impacto no convívio e como a habilidade trabalhada pode ajudar na situação proposta. Um elemento disparador bom é aquele que pode ser interpretado pelas mais diferentes idades em formas mais ou menos profundas. A reflexão pode ser feita de forma individual ou coletiva, com produção de material oral ou físico no formato de redação, anotações, desenhos, colagens, etc. Ressaltamos que todas as sugestões de abordagem apresentadas devem ser adaptadas às exigências dos protocolos oficiais de convivência, a fim de garantir a segurança e a preservação da saúde de todos os envolvidos.

No contexto da pandemia, há muitos temas que podem ser desdobrados e trabalhados em aula, na interação aluno-professor, para o desenvolvimento das habilidades socioemocionais dos alunos. A seguir, apresentamos alguns exemplos de temáticas que trabalham emoções:

Tema: medo

Desdobramentos: medo de morrer; medo de que alguém amado/conhecido morra; medo do desconhecido; medo do novo.

Tema: raiva

Desdobramentos: raiva por ter perdido alguém; raiva por ter perdido algo material; raiva por não poder fazer o que deseja.

Tema: tristeza

Desdobramentos: saudade de como o mundo era antes da pandemia; nostalgia; saudade de pessoas.

Tema: nojo

Desdobramentos: nojo das pessoas por medo do contágio; sentir nojo de si mesmo por medo de contaminar outras pessoas.

Tema: culpa e vergonha

Desdobramentos: sentir culpa e vergonha por ter sobrevivido; por não ter sido contaminado; por ter sido contaminado; atribuir a "culpa" da pandemia e dos impactos dela a alguém.

Pensar essas emoções e sentimentos e conversar sobre elas ajudará no processo de percepção e valorização de si mesmo (autoconhecimento e autoestima), do outro (empatia) e da reflexão sobre atos (responsabilidade).

O modelo apresentado também pode ser usado para acolhimento de angústias e demandas mais pessoais, tanto de alunos como de educadores, profissionais escolares e familiares.

Incluir toda a comunidade escolar nessa jornada pode ser enriquecedor. Afinal, a saúde emocional não é construída apenas na escola, mas por meio de todas as relações e com grande destaque na convivência em casa. Uma das formas mais precoces de aprendizado é por identificação, imitando quem admiramos, geralmente os pais ou cuidadores responsáveis. Por isso, propor atividades que envolvam a família torna-se altamente desejável.

Diagnóstico socioemocional e de aprendizagem

Na excepcionalidade desse momento, com certeza será necessária uma avaliação diagnóstica para situar os alunos no conteúdo regular. Afinal, alguns se adaptaram bem ao ensino a distância, outros, porém, nem tanto, devido a condições socioambientais muito díspares, dificuldade de acesso a aparelhos eletrônicos, energia e internet, por exemplo. No entanto, essa mesma situação contraindica nesse retorno imediato a testagem de habilidades socioemocionais. Eventos catastróficos em massa geram respostas variadas, como depressão, ansiedade, transtorno do estresse pós-traumático, luto normal e patológico, entre tantas outras, e essas respostas alteram os resultados de qualquer testagem, mas especialmente as de habilidade socioemocionais, gerando resultados que não refletem a real condição dos alunos.

Como, então, identificar e proceder com alunos que necessitam de mais ajuda?

Infelizmente, devido a todos os fatores descritos anteriormente (luto, medo, perdas...), de fato, alguns alunos podem necessitar de mais ajuda.

Existem alguns elementos que, quando percebidos, podem favorecer a identificação desses alunos. São eles:

- mudanças repentinas de humor;
- agressividade verbal ou intensa resistência em aderir às atividades propostas;
- mudança comportamental sustentada (por exemplo, quando um aluno aplicado fica desinteressado ou quando um aluno muito expansivo se mostra introspectivo);

- isolamento de seus pares, mesmo em meios de comunicação remota, como redes sociais e aplicativos de comunicação;
- desinteresse pelos estudos;
- evasão ou faltas recorrentes;
- insegurança ou emotividade excessivas;
- dificuldade de concentração, com queda do rendimento escolar;
- falas marcadas por desesperança.

Logo que identificar algum aluno com essas características comportamentais, orientamos que o professor faça uma aproximação com o estudante e sua família, para averiguar se esse comportamento se reproduz em casa. Nesses casos, é essencial que uma aliança entre a família e a escola se estabeleça para acompanhar mais de perto o desenvolvimento do aluno. Caso a mudança de comportamento esteja afetando a vida familiar também, a ajuda de um profissional da saúde deve ser sugerida aos responsáveis.

Cuidados e recomendações de saúde para a volta às aulas presenciais

A pandemia levantou questões sobre saúde, higiene e convívio que ainda estão sendo revistas à medida que se avança no entendimento da Covid-19. Documentos oficiais dos governos e de instituições competentes, como a Organização Mundial da Saúde (OMS), foram elaborados para orientar a população nesse contexto de pandemia e são continuamente revistos e adaptados para serem cada vez mais assertivos. Esses protocolos devem ser seguidos e nunca negligenciados. Enquanto não houver uma vacina e todos forem imunizados, ações que complementam as medidas oficiais podem aumentar ainda mais a segurança de todos. Atualmente, as ferramentas que temos são o distanciamento social e as barreiras físicas. Esse aprendizado trará uma nova cultura ao nosso país. Estaremos mais preparados se no futuro enfrentarmos um novo vírus.

O medo, a desinformação e a falta de planejamento são os maiores inimigos de um retorno mais seguro e saudável para a escola, mas podem ser mitigados com conhecimento, criatividade e cooperação entre todos. Sim, pois a comunidade escolar não se resume a alunos e educadores, ela se estende **às** suas famílias e à sociedade que os cerca. Vale ressaltar aqui a importância da família na promoção da saúde física e emocional. O engajamento de pais e responsáveis fará o trabalho desenvolvido na escola sedimentar-se e florescer, trazendo segurança e constância para os estudantes em um momento delicado. Canais de comunicação e parceria entre a escola e a família serão essenciais para a troca de experiências e dificuldades e a construção de estratégias para retomar as aulas presenciais com o maior sucesso possível.

Definir o número de alunos permitidos por sala ou em que ordem serão retomadas as aulas presenciais é de responsabilidade dos poderes públicos, visto a proporção continental do nosso país, com grandes diferenças ambientais e de recursos. Como inspiração, trazemos alguns itens baseados em medidas adotadas em outros países: redução do número de alunos em cada sala de aula e com distanciamento de 1,5 metro entre as carteiras, não compartilhamento de carteiras, aplicação de ensino híbrido com rodízio entre turmas presenciais e a distância, uso de divisórias de acrílico nas carteiras para isolar os alunos, interdição do uso de áreas de alimentação para evitar aglomerações, uso de máscaras de proteção durante as aulas e em todo o período de permanência na escola, instalação de divisórias entre as pias no banheiro, proibição de passeios externos, escalonamento de horários de entrada e saída dos alunos, sistema de lanches industrializados acondicionados em embalagens lacradas e higienizadas.

Crianças que moram com pais ou responsáveis do grupo de risco e crianças em grupo de risco

As informações disponíveis até o momento apontam para uma letalidade da Covid-19 não tão alta em crianças. No entanto, elas não vivem isoladas, mas em família. Por isso, a preocupação com a higiene e a saúde fora da escola também é essencial, já que os pequenos podem se tornar vetores de transmissão. O debate a respeito do retorno à escola ou não de crianças que convivem com pessoas do grupo de risco, como familiares idosos ou que tenham alguma doença crônica, continua. Pelo fato de se tornarem possíveis disseminadores assintomáticos da doença, o retorno às aulas presenciais é desaconselhável.

Da mesma forma, o retorno às aulas presenciais para alunos de qualquer faixa etária que tenham condições como diabetes, obesidade, alterações cardíacas, asma, déficit cognitivo e síndrome de Down, em suma, qualquer patologia crônica que possa fragilizá-los, é igualmente desaconselhado.

Convivência e organização

A aglomeração de pessoas na entrada e na saída da escola, nas salas de aula e nas filas devem ser evitadas. Para tentar evitar tais situações, sugerimos algumas ações que podem reforçar ainda mais as medidas de segurança e preservação da vida já orientadas por documentos oficiais:

- fazer marcações no chão para indicar o distanciamento;
- estabelecer rodízio de horários das turmas;
- recomendar aos alunos que não dividam lanches e sucos;
- evitar atividades em grupo, respeitando a distância recomendada pela OMS;
- recomendar uso de máscara de proteção em todos os ambientes da escola;
- disponibilizar álcool em gel nas salas de aula;
- controlar o acesso de pessoas aos banheiros;
- dar preferência por salas arejadas, com janelas sempre abertas;
- quando possível, disponibilizar pias nas salas de aula para higiene das;
- orientar os alunos a não compartilharem objetos de uso pessoal, como lápis, borracha e apontador;
- quando compartilhar objetos em sala de aula for inevitável, orientar e supervisionar a higienização das mãos com álcool em gel antes e após o uso de cada aluno;

- possibilitar espaço de higienização e troca de roupa na chegada e saída para os colaboradores responsáveis pela limpeza e pela alimentação;

- evitar rodízio de alunos entre as salas de aula. Sempre que necessário, os professores é quem devem mudar de sala, não os alunos. Em casos específicos, como o uso de laboratórios, programar higienização entre um uso e outro;

- orientar os alunos que vêm de transporte escolar ou transporte público que usem máscara de proteção e mantenham o distanciamento recomendado durante todo o trajeto;

- medir a temperatura de alunos, professores e funcionários na entrada e pelo menos mais uma vez ao dia com termômetros de testa. Não é recomendável o uso de termômetros comuns devido ao contato corporal;

- higienizar mochilas e lancheiras na chegada à escola com álcool 70% ou álcool em gel;

- orientar todos os alunos a higienizar as mãos com água e sabão ou álcool em gel assim que chegam à escola.

Higienização das áreas comuns

Recomendamos o uso de equipamento de proteção individual para os colaboradores que trabalham com a limpeza: pelo menos máscaras de proteção, luvas descartáveis e botas de borracha.

Carteiras, cadeiras, banheiros e demais dependências devem ser lavadas e/ou higienizadas diariamente com o uso de soluções com hipoclorito 25 ml/1 litro de água ou água e sabão.

Higienização na cozinha escolar

Orientamos manter as normas já estabelecidas: higienização de verduras, frutas e legumes com hipoclorito, uso de toucas, manutenção do local limpo e higienização de todos os utensílios. Para um reforço e uma maior atenção **às** medidas de limpeza, recomendamos o uso de máscaras de proteção, além das toucas, para a preparação da alimentação e ao servir os alunos. Acreditamos também que o uso de luvas para manipular restos alimentares e o lixo deve ser adotado.

Higienização das mãos

Esse é um ponto importante. Até antes da pandemia, quando ensinávamos as crianças a lavar as mãos, dificilmente nos perguntávamos quanto tempo deveria durar o ensaboamento ou se havia algum tipo de sabão mais adequado. Nem nos preocupávamos em como deveríamos pegar na torneira. Agora, cuidados como esses realmente importam para ficarmos com as mãos livres de vírus e bactérias. Por isso, vamos mencionar aqui os pontos principais para uma lavagem de mãos eficiente:

- não é necessário nenhum tipo de sabão especial (o vírus possui uma cápsula lipídica de fácil destruição);

- a limpeza das mãos com sabão ou álcool em gel deve ser feita seguindo os mesmos passos quanto ao ensaboamento e **à** fricção descritos no próximo item;

- o ensaboamento das mãos deve durar pelo menos 20 segundos, o que pode ser difícil de explicar para crianças menores. Para servir de referencial, uma ensaboada correta deve durar o mesmo tempo que a música "Parabéns para você" cantada duas vezes sem pressa;

- depois de ensaboar e enxaguar as mãos, a torneira deve ser fechada com uma folha de papel toalha que será descartada juntamente com as folhas usadas para enxugar as mãos;

- o processo de lavagem das mãos inicia-se abrindo a torneira e umedecendo as mãos. Em seguida, passa-se uma quantidade de sabão até fazer espuma. Então, vem o ensaboamento (momento em que começamos a contar os 20 segundos). Para o ensaboamento, primeiro deve-se esfregar as palmas das mãos uma na outra, depois as costas das mãos e dos dedos; na sequência, deve-se entrelaçar os dedos e friccioná-los, esfregar os polegares e, por último, fazendo a união das pontas de todos os dedos (como uma coxinha), esfregá-las na palma das duas mãos. Para finalizar, enxaguar e secar as mãos com papel toalha.

Uso de bebedouros

Quanto ao uso de bebedouros, o ideal é que sejam utilizados sem contato físico, ou seja, aqueles que possuem acionamento com o pé ou por sensor. É essencial orientar os alunos a jamais encostarem a boca na saída de água.

Para os bebedouros de acionamento manual, o uso pode ser mais complicado. Uma folha de papel descartável deve ser utilizada para acionar o bebedouro e, em seguida, é recomendável higienizar as mãos com água e sabão ou álcool em gel. Na impossibilidade desse procedimento, uma alternativa seria interditar os bebedouros e orientar os estudantes a trazer água de casa em garrafas próprias.

Uso de máscara de proteção, limpeza e necessidade de troca

Cada máscara de proteção tem um porcentual de eficácia, dependendo do material com o qual é feita, do número de camadas e da presença ou não de filtros. As mais difundidas atualmente são as de tecido, visto a facilidade de serem produzidas mesmo em casa. Toda máscara devidamente usada tem potencial de evitar a propagação de vírus e bactérias, portanto, tão importante como a máscara é saber usá-la corretamente. Isso envolve aprender a pôr e retirar a máscara de forma adequada, higienizá-la e ter clareza do seu tempo de "validade", já que ela perde a eficácia de reter partículas à medida que fica úmida com as gotículas de saliva. Máscaras são itens de uso pessoal, não podem ser compartilhadas nem mesmo com pessoas da família.

Deve-se colocar a máscara seca, cobrindo o nariz, a boca e o queixo. Não se deve tocar na frente da máscara enquanto estiver sendo usada. Se um toque acidental ocorrer, recomenda-se higienizar as mãos imediatamente. Se a máscara for de tecido, isto é, reutilizável, ao retirá-la deve-se colocá-la dentro de um saco plástico e fechar bem. Se a máscara for descartável, deve ser jogada em um recipiente de lixo com tampa. Nos dois casos, é imprescindível lavar as mãos ao final do processo. Independentemente do tipo de máscara, ela deve ser retirada pelo elástico.

A máscara de tecido deve ser trocada a cada duas horas (conforme recomendação do Ministério da Saúde). Por isso, recomendamos que, ao sair de casa para a escola ou o trabalho, sejam levados dois recipientes, um no qual ficarão as máscaras limpas, que serão utilizadas, e outro para colocar as máscaras sujas, já usadas. Cada troca deve ser feita com calma e cuidado, sempre retirando a máscara pelo elástico e higienizando as mãos ao final do processo. Os recipientes podem ser potes com tampa, saquinhos plásticos ou *nécessaires*. O importante é que seja possível o seu fechamento para garantir que as máscaras, limpas ou sujas, não tenham contato com outros objetos.

Para lavar a máscara, deve ser usada uma mistura de água sanitária e água na proporção recomendada anteriormente para a higienização do ambiente (25 ml de água sanitária/1 litro de água). O ideal é deixar de molho por 10 minutos e, decorrido esse tempo, enxaguá-las e colocá-las para secar.

Assim, cada pessoa deve ter várias máscaras para trocá-las ao longo do dia de trabalho ou para quando permanecerem fora de casa por longos períodos.

Como orientar os colaboradores responsáveis pela limpeza, segurança e manutenção?

A informação e a padronização das novas formas de trabalhar no ambiente escolar serão imprescindíveis para promover uma nova cultura de saúde. Esse conhecimento deve ser construído por meio de informação e treinamento, além do acolhimento de temores, dúvidas e dificuldades das pessoas envolvidas.

A informação é uma grande aliada ao combate à pandemia: como acontece o contágio pelo vírus, como utilizar os materiais de proteção, como confeccionar as máscaras, como usar as roupas no trabalho e como proceder se alguém apresentar sintomas. Todas as informações devem ter como base os protocolos oficiais, e devem ser utilizados os recursos disponíveis para a disseminação das informações.

Para esse processo de orientação, apresentamos algumas sugestões a seguir:

- formação de grupos de conversa quinzenais ou mensais em espaços abertos, ou remotamente por ferramentas digitais de comunicação, e com um número limitado de pessoas com a gerência da escola para levantar problemas e possíveis soluções;

- elaboração de cartazes para divulgar entre os funcionários da escola os cuidados necessários quanto à higiene e **à** limpeza, dispostos em locais estratégicos, como cozinha, armário de produtos de limpeza e vestiários;

- acolhimento das angústias e dos medos dos profissionais;

- criação de canais de comunicação para apoio, dúvidas, ideias e reclamações. Esse recurso é muito útil para as pessoas se sentirem mais à vontade para falar de questões delicadas. Esses canais podem ser e-mail, com retorno em até 24 horas, ou uma caixa em que as pessoas depositem suas dúvidas de forma anônima, cujo retorno pode ser colocado em um mural acessível a todos;

- monitoramento da saúde do profissional e de sua família. Pode ser feito nos encontros dos grupos de conversa quinzenais, com perguntas simples como: alguém teve sintomas como tosse, febre, dores pelo corpo ou falta de ar? Em caso positivo, orientar a pessoa a procurar um serviço de saúde para um *feedback* assertivo.

Como proceder se alguém ficar doente?

Caso algum profissional da escola ou aluno apresente sintomas sugestivos de Covid-19, como febre, dores pelo corpo, coriza, tosse, cansaço fácil ou falta de ar, perda de olfato, paladar ou manchas vermelhas pelo corpo (esse último sintoma mais comum em crianças menores), recomendamos o encaminhamento ao serviço médico para elucidação diagnóstica, com acompanhamento da escola, para notificação da comunidade escolar caso o diagnóstico seja positivo.

No caso de professores e alunos, a turma que estava em contato com a pessoa contaminada deve ser suspensa, permanecendo 14 dias em isolamento. A vigilância sanitária deve ser notificada imediatamente, assim como pais e familiares. Se nesses 14 dias alguém apresentar sintomas, deve procurar de imediato o serviço médico e informar que teve contato com um caso positivo.

No caso de funcionários de limpeza, manutenção, alimentação ou segurança, devem ser isolados por 14 dias somente os indivíduos que tiveram contato direto com o doente. Porém, ainda assim, é necessário avisar a comunidade escolar e a vigilância sanitária.

No que se refere aos alunos, crianças e jovens de cada faixa etária reagem de uma forma ao contágio. Por isso, apresentamos a seguir algumas particularidades de cada fase que podem ser muito úteis para educadores, pais e familiares.

EDUCAÇÃO INFANTIL (4-5 ANOS)

Nesta fase, a adaptação a esse momento se torna mais crucial e difícil, pois pela pouca idade o entendimento e a manutenção das medidas de higiene e isolamento dependem em grande parte de professores e auxiliares. É um momento de reinvenção desafiadora, pois é nessa etapa que a interação social e os primeiros aprendizados sociais se desenvolvem. Características dessa faixa etária são explorações do ambiente, de objetos e do corpo com o próprio corpo, incluindo a boca, que é porta de entrada para contato com patógenos.

Assim, recomendamos um número reduzido na proporção de dois ou três alunos para cada professor ou auxiliar, em um ambiente que deve ser higienizado pelo menos duas vezes ao dia, evitando-se o uso de brinquedos comunitários, priorizando a utilização de brinquedos trazidos de casa por cada criança. Outra possibilidade é destinar um brinquedo da escola para cada criança, que, após higienizado, deve permanecer apenas com ela.

EDUCAÇÃO INFANTIL (4-5 ANOS)

O uso de histórias ilustradas, músicas e danças pode ajudar na formação da socialização sem contato próximo, assim como servir de veículo para auxiliar as crianças a desenvolverem novas culturas de distanciamento e higiene. Como expressar meu carinho pelo colega sem abraçar ou beijar? Pode ser uma boa atividade, que ajudará as crianças a enfrentar essa inusitada realidade com mais leveza.

É essencial também evitar que professores e auxiliares que têm contato direto com as crianças nas tarefas diárias e nos cuidados pessoais façam rodízio nas turmas, reduzindo, assim, a possibilidade de contato das crianças com os adultos.

Na hora da alimentação, os cuidadores devem usar luvas descartáveis e máscaras de proteção. Quando possível, esse momento deve ocorrer em locais abertos, mantendo-se as normas de distanciamento, e em pequenos grupos de 2 ou 3 alunos. Para fazer a higiene pessoal, os cuidadores devem levar os alunos ao banheiro em grupos de 2 ou 3 no máximo, e estarem de luvas descartáveis e máscaras. Vale ressaltar que as luvas devem ser descartadas e substituídas por novas após cada atividade com o aluno.

Em casa, pais e familiares podem ajudar repetindo rotinas de higiene estabelecidas na escola, conversando sobre a vontade de abraçar as pessoas e o que pode ser feito em vez disso para demonstrar afeto, encenando com bichinhos de pelúcia ou bonecos manifestações de carinho que podem ser reproduzidas na escola, como mandar um beijo de longe, fazer um coração com as mãos ou cantar uma música para quem se gosta. Também é importante combinar com a criança que o brinquedo é só dela e que não pode emprestar nem pegar o do colega, explicando que é por uma questão de segurança nesse momento especial. Conversar em linguagem acessível sobre a doença e que mudar é necessário para não ficar doente e não deixar quem gostamos doente faz toda a diferença. Ao validar as falas dos educadores e da escola, a família contribui para a compreensão da criança.

ANOS INICIAIS E ANOS FINAIS DO ENSINO FUNDAMENTAL (6 A 14 ANOS)

Nessa faixa etária, livretos ou folders com as novas orientações de convivência e cuidados, ilustrados e em linguagem simples, são uma boa ferramenta de comunicação. Mostrar personagens agindo de acordo com as recomendações, como usando máscaras e se cumprimentado com os cotovelos, por exemplo, auxiliam na compreensão.

ANOS INICIAIS E ANOS FINAIS DO ENSINO FUNDAMENTAL (6 A 14 ANOS)

Deve-se orientar os alunos a evitar a formação de grupos para conversa e troca de recados e material escolar e sobre como devem lavar as mãos ou higienizá-las com álcool em gel. Pode-se reservar alguns minutos a cada duas horas para que todos, de forma escalonada, lavem as mãos.

É essencial também orientar e criar formas de controlar o fluxo nos banheiros, como uma fila virtual que o professor coordena ou com a presença de um funcionário na porta dos banheiros para cuidar do fluxo. Quanto ao momento da alimentação, sempre que possível os alunos devem consumir seu lanche nas próprias carteiras sem compartilhá-lo. O distanciamento deve ser observado não apenas na escola, mas também no transporte durante o deslocamento até a escola.

Nessa fase, o papel da família é mais informativo, sensibilizando a criança e o adolescente a entender a necessidade da mudança. Dar exemplos de cuidados que devem ser tomados com avós ou pessoas do grupo de risco na família pode ajudar a introjetar o novo código de convivência social. Os pais e familiares precisam escutar dúvidas e desconfortos e acolhê-los, validando a escola e o papel do professor. Caso as crianças apesentem questionamentos que não consigam sanar, os pais devem pedir auxílio à escola. Ter um canal aberto entre escola e família é essencial para o sucesso da abordagem, e desenvolver um trabalho junto aos familiares de informação e esclarecimentos por meio de palestras on-line ou presenciais (sempre respeitando as normas de distanciamento) e material informativo cria um elo de confiança baseado na transparência, que também deve ser adotada com os alunos pela família e pela escola.

ENSINO MÉDIO (15 A 17-18 ANOS)

Nesse momento de transição entre a adolescência e o início da vida adulta, a parte mais desafiadora pode ser conseguir que os alunos acatem e cooperem com as regras adotadas na escola. Um trabalho de conscientização de forma sistemática e embasada na ciência com a explicação de mecanismos de funcionamento do vírus no corpo, de sua transmissão e de como podemos evitar sua disseminação pode ser muito eficiente. Sugere-se a realização de seminários explicativos para a construção do conhecimento e posterior produção individual de cartazes que podem ser afixados nos ambientes da escola para que todos tenham acesso a eles, aumentando, assim, as chances de adesão a normas meramente impostas.

> **ENSINO MÉDIO (15 A 17-18 ANOS)**
> Em muitas escolas, os alunos nessa fase têm autonomia de ir e vir sozinhos, inclusive em meios públicos de transporte, por isso é necessário enfatizar que os cuidados para sua saúde não devem se limitar ao período em que permanece na escola, mas durante todo o dia. Nessa etapa da vida, muitas vezes, o papel da família é mais limitado pela própria natureza da faixa etária dos alunos. Mas estratégias de informação e orientação sobre a doença e formas de promoção da saúde continuam válidas para a família pelos vários meios já sugeridos. Nesse caso, o aluno pode ser um multiplicador, levando esse conhecimento para dentro de casa e até mesmo para o trabalho, promovendo a conscientização de outras pessoas.

Conscientização de educadores, alunos e familiares

Como estimular o aluno a aderir às normas adotadas?

Esse é um ponto de suma importância, já que cada faixa etária terá um entendimento e uma capacidade de absorver e cooperar com a saúde do coletivo.

Um bom caminho é resgatar a noção de pertencer à comunidade escolar, lembrando que nesse espaço todos seguirão orientações como outras tantas adotadas na escola para garantir uma convivência harmoniosa, pacífica e segura, pensando no todo e não no individual, e acolhendo os mais vulneráveis.

A família pode ser um ponto de apoio valioso e, para construir essa colaboração, é possível lançar mão de alguns recursos: promoção de espaços para informação sobre a doença e as medidas adotadas pela escola, envolvimento de pais da área de saúde que queiram contribuir compartilhando seu conhecimento com os outros pais e os alunos, propostas de atividades que abordem a Covid-19, a saúde e os cuidados, que podem ser realizadas em casa com os familiares. Por exemplo, assistir juntos a um vídeo de como lavar as mãos corretamente ou escrever uma redação coletiva que aborde como a família se adaptou à nova realidade.

E como instruir professores e uniformizar condutas?

Assim como todos nós, os professores também estarão preocupados com a própria saúde, a saúde de suas famílias e dos alunos. Além disso, terão de instruir e acolher os alunos e suas demandas emocionais e educacionais. Ou seja, estarão sobrecarregados de emoções, sentimentos e solicitações.

Nesse cenário, torna-se desafiador instrumentalizar esses profissionais. Para isso, é possível trabalhar em três frentes: acolhimento terapêutico, treinamento e informação.

Acolhimento terapêutico: pode ser feito com intervenções que visam à melhora do estado emocional do educador. O suporte emocional será um fator de impacto no desempenho dos professores que estarão em um momento de muita tensão e exigência. Essas intervenções podem ter vários formatos: reuniões presenciais, sempre respeitando as medidas de distanciamento, ou remotas, quinzenais ou mensais, com profissional de saúde para acolhimento de angústias pessoais; encontros informais entre os professores e a coordenação para suporte mútuo, como autoajuda, com o compartilhamento de sentimentos, experiências e divisão de dificuldades, visando à construção de possíveis soluções.

Treinamento: instrumentalizar o profissional com recursos para ajudar a si mesmo e acolher os outros. Podem ter diversos formatos e temas: treinamento para acolhimento básico de luto, *workshops* sobre o impacto emocional da pandemia, cursos breves sobre comunicação emocional, palestras sobre as diferenças de traumas e luto nas várias faixas etárias.

Informação: apresentar conteúdo que esclareça dúvidas e dê fundamento teórico para o educador se sentir esclarecido e seguro para explicar e argumentar o porquê das medidas tomadas pela escola. Pode ocorrer das seguintes maneiras: aulas ou fóruns com objetivo de informar sobre a doença; momentos para tirar dúvidas ou discutir o plano com explicações detalhadas e referenciadas do porquê de cada conduta adotada na escola; produção e disponibilização de *folders* explicativos tanto com orientações sobre a doença quanto com ideias de como abordar esses assuntos com os estudantes; adoção de materiais paradidáticos sobre a pandemia, as mudanças na rotina e nas relações para auxiliar professores em sala de aula.

Ressaltamos que todas as sugestões que envolvem o encontro com mais de duas pessoas devem seguir os protocolos oficiais de saúde e segurança.

Retornar às aulas de modo presencial com segurança é algo carregado de incertezas e medos por todos. As vivências do isolamento social, de algum modo, causaram mudanças no mundo físico e no mundo mental das pessoas. Algumas, principalmente aquelas com menor capacidade para lidar com as perdas que esse período trouxe, terão desenvolvido traumas. De modo geral, voltarão com suas histórias da pandemia, seus lutos em etapas diversas de resolução.

Ouvir as histórias, nomear e perceber emoções e sentimentos comuns, desenvolver habilidades socioemocionais constituem uma estratégia para diminuir o impacto desse triste momento.

Entretanto, algumas pessoas desenvolverão sofrimentos mais intensos, que não são normais de fases de luto, de característica mais duradoura e, às vezes, paralisante, que são as doenças mentais. Há uma grande chance de que a identificação de sinais de transtornos do espectro ansioso ou afetivo, em algumas faixas etárias, possa ser realizada na escola, pelas pessoas que mantêm contato com as crianças, os adolescentes e os jovens. A família também pode ser instrumentalizada para detectar esses sinais. Assim, o encaminhamento para tratamento especializado psiquiátrico e psicológico pode ser realizado.

Para finalizar, lembramos que as precauções para diminuir o contágio, levando em conta o entendimento atual da doença, e a implementação de estratégias com esse fim têm dificuldade variadas, de acordo com o contexto de cada escola. As soluções, entretanto, até que se desenvolva uma vacina que promova a imunização efetiva de todos, partem de princípios comuns de higiene e distanciamento que devem ser implementados pela escola e de protocolos para se combater epidemias, estes sob responsabilidade dos órgãos de saúde nos âmbitos municipal, estadual e federal.

CAPÍTULO 3

Sustentabilidade financeira
das instituições de ensino:
mudança de comportamentos e valores

Christian Rocha Coelho[12]

Desde março de 2020 o mundo vem passando por mudanças poucas vezes vivenciadas na história da humanidade. Houve uma disruptura no comportamento das pessoas em decorrência da pandemia da Covid-19. É certo que o novo coronavírus mudou a realidade da maioria de nós e irá mudar ainda mais.

Aquele mundo que existia antes da pandemia faz parte de um passado remoto, e quem tentar viver com as crenças de antigamente sem aceitar a realidade terá problemas para se adaptar.

No caso do setor educacional, o que levaria décadas para acontecer de forma natural foi ou será implantado em questão de meses. Por isso, a **adaptabilidade** será uma das principais características que permearão o sucesso pessoal e profissional daqui para a frente.

Pode-se dizer que a pandemia funciona como uma máquina do tempo, acelerando as mudanças em curso, como o ensino híbrido, a modernização das metodologias de aprendizagem, o trabalho remoto, a avaliação *on-line*, entre outras.

Mas o que a pandemia nos trouxe de mais importante foi o início de grandes mudanças sociais, comportamentais e de valores,

---

[12] Christian Rocha Coelho é especialista em *marketing* e gestão escolar integrada e CEO do Grupo Rabbit, empresa de gestão, pesquisa e comunicação pedagógica.

como o aumento da empatia e da solidariedade e a queda do consumismo, já que rapidamente aprendemos a viver com recursos mais limitados. E é certo que, mesmo depois do fim do confinamento, o processo de mudanças continuará a acontecer. Acredita-se que somente depois da descoberta da vacina a população irá estabelecer um novo padrão comportamental.

Nesse contexto, para que as instituições de ensino criem um planejamento estratégico assertivo, é preciso, antes, refletir sobre quais serão as principais tendências da próxima etapa da vida que afetarão a condução do setor educacional.

Como já mencionado, os problemas coletivos tendem a fortalecer valores, como a sociabilidade, a empatia e a solidariedade, mas também o inconsciente coletivo e, por consequência, o efeito manada (tendência humana de repetir ações de outras pessoas, comportamento em que todos reagem de uma mesma maneira). Com a potencialização das redes sociais e dos grupos em aplicativos de comunicação, as escolas terão cada vez mais o grande desafio de tratar as questões individuais por meio de reivindicações coletivas.

Vale ressaltar que a escola nunca deve responder a uma polêmica em grupos de redes sociais, mesmo que se sinta injustiçada. O ideal é buscar os líderes dos grupos ou os principais reclamantes e tentar uma conversa *face to face*. A comunicação *on-line* geralmente reverbera e perde força rapidamente.

No que diz respeito às mudanças de comportamentos e aos valores das instituições de ensino e do seu planejamento estratégico, destacamos a seguir alguns pontos que devem ser levados em consideração.

Convivência e proximidade

Com o confinamento, as famílias foram obrigadas a conviver intensamente e, no que se refere às escolas, vivenciar e conhecer mais os serviços prestados pelas instituições de ensino. Se a escola souber aproveitar a oportunidade, as famílias compreenderão melhor o processo de ensino-aprendizagem e, consequentemente, valorizarão mais a instituição e os professores.

Nova precificação e imagem de valor

Já se nota que, com a diminuição ou a perda de renda de grande parcela da população, os gastos estão sendo revistos e priorizados.

Pode haver questionamento dos valores das mensalidades pré-pandemia.

Para essa questão, uma das opções é adaptar-se à nova realidade com um custo fixo enxuto, um acompanhamento diário das finanças e, principalmente, do fluxo de caixa. A instituição de ensino deve focar na sala de aula e em tecnologia, investir menos em perfumaria e infraestrutura. Neste momento, infelizmente, o preço tornou-se tão relevante quanto a qualidade pedagógica.

Aglomerações

O medo que as pessoas têm de estar em aglomerações não irá passar rapidamente. A escola precisa reinventar as reuniões de pais, os eventos, os trabalhos em grupo, as festas e as comemorações. Esses eventos devem evoluir para experiências imersivas, como as *lives* dos artistas e os *tours* virtuais.

Trabalho remoto

Cada vez mais o trabalho remoto será uma realidade. É necessário que a escola aprenda a trabalhar com *freelancers* e terceirizar todas as funções possíveis.

Educação a distância

Com a pandemia, a informação e o conhecimento estão em voga, as incertezas fizeram com que as pessoas buscassem informações na mídia convencional e na internet. Surgiram inúmeras *lives* e *webinars* de todos os formatos e conteúdos. Por isso, as escolas precisam criar um programa de capacitação para os professores com planejamento definido, constância e periodicidade. No mundo de hoje, um ano equivale a um mês, e um mês, a uma semana.

A disseminação da educação a distância irá crescer de forma acelerada com a tendência do surgimento de plataformas de ensino que tentarão substituir parte do ensino das escolas, como aulas virtuais para o Ensino Médio, mentoria e avaliações. A tecnologia contribuirá para a consolidação do mercado educacional.

Um novo planejamento para um novo mundo

Para planejar, são necessários dados consistentes. As tomadas de decisões baseadas na **análise preditiva**, utilizada na criação de cenários futuros a partir da identificação de padrões existentes, perdeu parte do seu efeito devido à rápida transformação do mercado.

O plano de ações da escola a partir de agora deve ser baseado na **análise diagnóstica**, isto é, o retrato de hoje e suas alterações em decorrência dos fenômenos ocorridos em curto prazo e **ações orientativas e evidências**, que significa analisar a possibilidade de vários cenários e focar no mais evidente sem se preocupar tanto com a cronologia.

É fundamental que a instituição de ensino possua dados para ter condições de minimizar os erros nas etapas posteriores de orientação e prospecção. Os indicadores-chave de desempenho (KPIs)[13] mais relevantes no momento são:

- pesquisa de satisfação do cliente;
- pesquisa de retomada (para verificar se os alunos pretendem retornar após o aviso da data de início das aulas presenciais);
- pesquisa de inadimplência e perda de alunos.

Vale ressaltar que os KPIs precisam de parâmetros para que os envolvidos consigam comparar o desempenho de sua escola em relação ao mercado.

---

[13] O KPI (*Key Performance Indicator*) é utilizado para medir os principais processos e dados de uma empresa.

Pesquisa de retomada

Desde que a pandemia causada pelo novo coronavírus confinou estudantes com seus pais e responsáveis dentro de casa na hora da aula e do trabalho, uma série de discussões tomou conta do universo educacional. Não apenas sobre os desdobramentos da eficácia da aprendizagem remota, mas também sobre temas emocionais, adaptação de professores e alunos, entre tantas outras situações, que envolvem todas as instituições de ensino.

Uma pesquisa promovida pela Explora – Pesquisas, Métricas e Tendências Educacionais[14] traz um panorama sobre como está o entendimento das famílias dos alunos diante do aprendizado remoto e como os pais e responsáveis veem a retomada das aulas presenciais. Realizada entre os dias 22 e 29 de junho de 2020, a pesquisa contou com a participação de 14.307 responsáveis por estudantes em 407 instituições de todas as regiões do país, da Educação Infantil ao Ensino Médio.

Perguntados sobre quando eles acham que as aulas presenciais vão voltar, 59,6% acreditam que até setembro deverá haver a retomada, e outros 40,4% opinam que isso deve ocorrer somente em 2021. Para que as escolas voltem com as aulas presenciais, a maior prioridade está relacionada aos ajustes dos protocolos sanitários.

Como é possível ver no gráfico a seguir, mais de 90% consideram ser uma prioridade média ou alta os ajustes às normas sanitárias, como distanciamento, higienização e uso de máscaras. As diretrizes estabelecidas pelos governos também são consideradas como prioridade para quase 70% dos entrevistados.

---

[14] Disponível em: https://livro.pro/trmmcn. Acesso em: 8 jul. 2020.

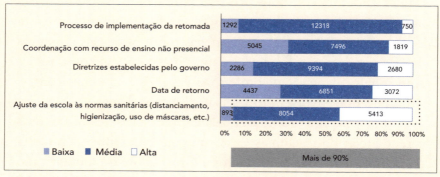

Fonte: Explora – Pesquisas, Métricas e Tendências Educacionais, 2020.

 A pesquisa revelou ainda uma divisão na opinião entre os pais que não querem a retomada das aulas (51,9%), os que talvez apoiem a retomada (21,8%) e os que querem efetivamente o retorno das aulas presenciais (26,3%). Segundo Tadeu da Ponte, um dos coordenadores do estudo, a pesquisa evidenciou que, para os pais e responsáveis, a prioridade é ter bem definidas as normas sanitárias para o convívio durante as aulas presenciais, e que, por isso, a preparação das instituições de ensino e a comunicação entre elas e as famílias é fundamental.

 Um dos dados mais destacados da pesquisa foi a aprovação dada pelos pais ao ensino não presencial. Em escala de 0 a 10, a nota atribuída à solução remota foi acima de 7, mesmo para Educação Infantil, segmento em que há maior dificuldade em realizar esse tipo de aula. Perguntados sobre o desejo de manutenção dessa solução, a maioria entende que o melhor formato é a mescla do presencial com o remoto; em segundo lugar estão os que gostariam da exclusividade remota, enquanto a menor parcela disse que o remoto deveria ser totalmente substituído pelas aulas presenciais. Observe no gráfico a seguir.

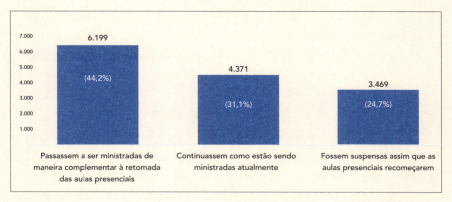

Fonte: Explora – Pesquisas, Métricas e Tendências Educacionais, 2020.

A pesquisa mostrou que os pais estão satisfeitos com o antídoto utilizado neste momento e estão dispostos a permanecer no formato atual sem grandes angústias, por maiores que sejam as dificuldades existentes.

Retomada em V e em U

Quatro variáveis são importantes para determinar a normalização da economia brasileira: a renda, o emprego, o mercado de trabalho, o crédito e os juros.

Os principais financistas do mercado acreditam que deverá haver novas medidas econômicas de auxílio às empresas e que nos próximos dois anos o crescimento será lento e gradativo.

Neste cenário, alguns setores irão se recuperar mais rapidamente que outros. Enquanto o turismo e a indústria de bens duráveis terão um crescimento em U, que é a descrição gráfica que retrata a queda e ascensão mais lenta, isto é, com uma barriga maior, o mercado educacional terá um crescimento em V, com uma melhora rápida.

Isso ocorre devido à necessidade de os pais deixarem seus filhos na escola para trabalhar e à legislação que obriga as famílias a manterem seus filhos (a partir dos três anos) matriculados em uma escola.

Considerando apenas o mercado educacional, acredito que a curva em V será das escolas cujos alunos matriculados sejam de famílias das classes A e B, e que a curvatura mais lenta será das escolas que atuam nos segmentos C, D e E.

Posicionamento estratégico

O posicionamento estratégico é a forma pela qual uma escola se distingue das demais por meio do valor da sua marca e da qualidade e dos diferenciais da sua prestação de serviço.

Em um mercado competitivo, as escolas precisam se tornar boutiques, isto é, uma empresa regional com um diferencial competitivo latente e claro para a comunidade. A seguir, são apresentados três exercícios para serem realizados com o time de líderes da escola, com o objetivo de deixar mais claro o conceito e o posicionamento da sua instituição.

Exercício 1

Qual a primeira característica que lhe vem à mente ao pensar em cada uma das instituições e empresas indicadas a seguir?

APPLE	BMW	UNIVERSIDADE DE OXFORD

É provável que a maioria das respostas seja semelhante, pois essas instituições e empresas possuem um claro posicionamento de mercado. A Apple está associada à modernidade; a BMW, ao luxo; e a Universidade de Oxford, à tradição. De uma maneira geral, e principalmente nas escolas particulares, é mais difícil institucionalizar mais de uma frente como uma escola acolhedora, humanista e que prioriza o vestibular.

Isso não significa que a instituição tenha que parar de buscar incessantemente uma educação completa, preocupada em resgatar valores, humanizada e que possua um serviço acadêmico forte e direcionado ao vestibular e ao Enem. No entanto, a instituição de ensino, mesmo possuindo diversos requisitos, será sempre lembrada na comunidade por sua principal característica (tecnologia, preço acessível, acolhimento, ensino forte, valores, espiritualidade, infraestrutura, etc.).

Os pais e responsáveis que valorizam os mesmos diferenciais de sua escola irão procurá-la. Os demais, que prezam por outras características, matricularão seus filhos na concorrência. Não se pode contentar gregos e troianos. Um posicionamento claro somente ocorrerá se a escola tiver ciência de suas limitações e qualidades.

Exercício 2

Para esta atividade, deverá ser utilizado o método de *brainstorming*[15] (Alex Osborn, 1965), que visa encorajar as pessoas a usar o pensamento divergente e assumir riscos na investigação de novas ideias. Para isso, deve-se seguir os passos:

1. Os participantes devem se organizar em times;
2. Cada time responderá às seguintes perguntas: Atualmente, qual o principal diferencial de sua escola? Como a escola quer ser lembrada daqui a dois anos (ou seja, a escola quer ser a melhor em quê?);
3. A lousa deve ser dividida em duas colunas, e os **título**s de cada uma delas ser**ão** as perguntas do passo anterior;
4. As respostas correspondentes às perguntas devem ser registradas, sem repeti-las. É necessário investigar o maior número possível de ideias. Quanto mais ideias, maior a probabilidade de encontrar uma solução criativa;

---

[15] *Brainstorming*, ou tempestade de ideias, é uma reunião em que os integrantes debatem um problema de forma aberta até que se encontrem soluções criativas e inovadoras.

5 Juntos, avaliem e discutam as respostas relacionadas aos diferenciais atuais da escola e elenquem os três principais, com ênfase no mais votado. Em seguida, façam o mesmo processo com a pergunta sobre como a escola quer ser lembrada.

Conclusão do exercício: se as respostas forem iguais nas duas colunas, já existe um posicionamento que precisa ser enfatizado. Caso haja respostas diferentes, pode ser o momento de corrigir o posicionamento da sua escola.

Exercício 3

Com a informação "aonde a escola quer chegar", é hora de aplicar uma versão da análise SWOT adaptada para o projeto de planejamento estratégico da escola.

A análise SWOT (*Strengths*: pontos fortes, *Weaknesses*: pontos fracos, *Opportunities*: oportunidades e *Threats*: ameaças) é uma ferramenta de autoconhecimento empresarial muito utilizada no mundo e que tem a finalidade de reduzir as chances de tomadas de decisões equivocadas.

Para a realização da análise, deve-se seguir os passos:

1 A matriz SWOT deve ser reproduzida em um local visível, com base no exemplo apresentado a seguir;

2 O time deve preencher os quadrantes conforme a orientação. **Forças**: neste quadrante, a escola deve repetir a resposta à segunda pergunta do exercício 2: como a escola quer ser lembrada daqui a dois anos? **Oportunidades**: que oportunidades estão e estarão disponíveis? Que tendência a escola pode aproveitar? **Fraquezas**: o que e onde é possível melhorar para atingir o resultado esperado? O que os clientes e o mercado veem como nossas fraquezas? **Ameaças**: quais são as principais ameaças atuais e que poderão surgir nos próximos dois anos?

Exemplo de matriz SWOT

INTERNO

FORÇAS

POTENCIALIZAR
Como a escola quer ser vista daqui a dois anos?
- Escola mais forte do bairro.
- Com tradição.
- Conhecida pela sinergia com o bairro.

APROVEITAR
Que oportunidades estão disponíveis?
- As escolas novas não têm esse posicionamento.
- A região é bairrista.

OPORTUNIDADES

FRAQUEZAS

RECONHECER E TRABALHAR
O que e onde podemos melhorar?
- Contratar uma assessoria.
- Ampliar o horário.
- Criar grupos de estudos.
- Atrair bons alunos com benefícios.

MONITORAR
Quais são as principais ameaças?
- As novas escolas começarem a utilizar a mesma fala.
- Estarem mais bem posicionadas no ENEM.

AMEAÇAS

EXTERNO

No entanto, apenas identificar, ou seja, construir a matriz SWOT, não diz o suficiente para realizar a análise e, por meio dela, poder construir planos de ação. Portanto, é necessário realizar o "cruzamento" das matrizes a fim de reconhecer como as forças mitigam as ameaças e como as fraquezas são amenizadas pelas oportunidades. Com o diagrama construído, os participantes terão uma visão mais clara do *status quo* da empresa. O quadro a seguir apresenta um exemplo que pode direcionar o cruzamento das informações e as ações a serem realizadas a partir da análise.

FORÇAS	OPORTUNIDADES
Estratégia ofensiva: explorar ao máximo os diferenciais da escola e relacioná-los com as necessidades do mercado.	
Por exemplo: bons alunos: concurso de bolsa que irá premiar realmente os melhores alunos (deixar claro na divulgação). Tradição: envolver alunos, familiares e a comunidade em um concurso de selo comemorativo e um passeio ciclístico em comemoração aos 25 anos da escola (respeitando-se as diretrizes dos protocolos oficiais de saúde e convivência).	

QUEM PODE SER O LÍDER?	COMO PODEM SER REALIZADAS?
Coordenadores dos Anos Finais do Ensino Fundamental e Ensino Médio	Descrever as ações passo a passo

FORÇAS	AMEAÇAS
Estratégia de confronto: fortalecer pontos fracos de acordo com as ameaças do cenário.	
Por exemplo: incutir no script de atendimento as qualidades da escola que estejam relacionadas ao novo direcionamento.	

QUEM PODE SER O LÍDER?	COMO PODEM SER REALIZADAS?
Coordenação e direção da escola	Descrever as ações passo a passo

OPORTUNIDADES	FRAQUEZAS
Estratégia de reforço: aproveitar a oportunidade para trabalhar as fraquezas da escola.	
Por exemplo: contratar uma assessoria pedagógica; mudar o material do Ensino Médio; ampliar o horário; implantar um programa de recuperação paralela.	

QUEM PODE SER O LÍDER?	COMO PODEM SER REALIZADAS?
Coordenação, direção e corpo docente	Descrever as ações passo a passo

FRAQUEZAS	AMEAÇAS
Estratégia defensiva: trabalhar para reduzir as deficiências da escola que mais afetam a competitividade.	
Por exemplo: iniciar um programa de economia para melhorar a negociação; divulgar melhor as atividades diferenciadas.	

QUEM PODE SER O LÍDER?	COMO PODEM SER REALIZADAS?
Responsável pelo marketing da escola	Descrever as ações passo a passo

Essas atividades podem ser realizadas somente com os líderes das escolas, como coordenadores, diretores e gestores, com o corpo docente ou, ainda, com todos os colaboradores.

As etapas requerem uma grande dose de criatividade e podem ser aplicadas separadamente, a qualquer momento, para resolver qualquer problema da escola e até de ordem pessoal de seus colaboradores.

Etapas de um planejamento estratégico

Protocolos	Retorno dos alunos que saíram	Bem-Vindo	Rematrícula	Campanha de captação

Todos estão ansiosos para que as aulas retornem presencialmente o mais rápido possível. Porém, é aconselhável voltar com muita cautela e somente depois da liberação dos órgãos oficiais. É importante que todos os passos dos protocolos de retorno sejam checados e seguidos à risca, porque, caso ocorra o infortúnio de um aluno ou um colaborador se contaminar, ou se houver alguma suspeita de contaminação, as consequências para a escola poderão ser desastrosas. As famílias ficarão com receio de enviar seus filhos, as redes sociais potencializarão o ocorrido e isso até poderá resultar em uma fiscalização dos órgãos competentes, sem contar a presença da mídia.

Tempos atrás, algumas escolas tiveram sérios problemas de imagem devido a casos de meningite entre seus alunos. Desta vez, o impacto será maior, pois o foco de todas as pessoas envolvidas estará na retomada das aulas. Então, menos pressa e mais segurança!

Cada uma das cinco etapas de um planejamento estratégicos será detalhada a seguir.

Protocolos

Todas as ações sanitárias que antecedem a volta às aulas presenciais devem ser realizadas concomitantemente. O desenvolvimento dos protocolos precisa de visão coletiva (mantenedor – diretor, gestores setoriais e equipes realizadoras). Quanto mais ações forem centralizadas em uma única pessoa, maiores serão as chances de erros nas atividades mais simples, o que na situação atual pode gerar grandes problemas.

É essencial que os processos organizacionais dos protocolos sigam um sistema de *checklist* com gestão e cogestão de todas as tarefas. A seguir estão explicitados esses itens.

Reuniões iniciais:

- o líder geral deve convocar os gestores de projetos específicos para cada área importante;

- criar um calendário de reuniões com horários fixos;

- apresentar um conteúdo de partida o mais completo possível e pedir a todos os integrantes que estudem. Não se deve simplificar o manual de protocolos. É melhor pecar pelo excesso, e não pela falta;

- elaborar um manual de protocolos único para colaboradores e prestadores de serviços;

  - criar um manual de protocolos para as famílias e os alunos.

Reuniões de ações:

- organizar as tarefas e obrigações de cada gestor em uma planilha *checklist*;

- periodicamente, realizar uma rápida reunião com cada gestor para acompanhar a evolução das tarefas, verificar e corrigir eventuais erros;

- colocar em prática os procedimentos e testar sua eficácia antes de abrir o local para o público.

Treinamentos:

Após finalizar o programa de retomada das aulas presenciais, é hora de treinar todos os envolvidos conforme as etapas indicadas a seguir.

Para colaboradores e prestadores de serviços:

1. Enviar o manual de retomada para conhecimento de todos os colaboradores;

2. Realizar *webinar* geral para a apresentação;

3. Realizar *webinar* por área ou setor;

4. Agendar encontros presenciais para ensaio dos procedimentos em diferentes horários;

5. Decorar a escola com a campanha "Sejam Bem-Vindos" e fixar toda a comunicação dos protocolos de segurança.

Para famílias e alunos:

1. Enviar o manual a todos os pais e alunos pelo meio de comunicação oficial da escola;

2. Convidá-**los** para o *webinar*;

3. Telefonar para os que não confirmaram presença;

4. Gravar o *webinar* e enviá-**lo** para quem não o assistiu (não avisar antecipadamente que haverá essa possibilidade) e disponibilizá-**lo** no *site*;

5. Enviar a autorização e o material de comunicação para as famílias;

6. Telefonar para as famílias que não deram retorno;

7. Enviar o material de comunicação para a casa do estudante ou entregá-lo para o aluno no primeiro dia de aula;

8. Revisar todos os protocolos no primeiro dia de aula;

9. Entregar um brinde personalizado aos pais e/ou alunos.

Comunicação

Neste momento, a comunicação é de suma importância para que a volta às aulas seja tranquila e sem percalços. Para que se reduzam as chances de os pais não receberem os comunicados, pode-se utilizar um plano de mídia, isto é, divulgação em todos os meios de comunicação que a escola dispõe.

Duas campanhas precisam ser apresentadas. Uma de *marketing* para dar as boas-vindas, com foco no emocional, que expresse saudade, valor dos alunos e desejo de que retornem, e outra com foco na saúde e na preocupação com a segurança e o bem-estar.

Para a campanha de *marketing* de boas-vindas, a sugestão é utilizar as estratégias de *inbound* (*marketing* na internet) e de *outbound* (*marketing* fora da internet ou convencional). Esse tema será aprofundado mais adiante. Para a campanha de protocolos de volta às aulas, é imprescindível que a divulgação esteja presente na casa de cada família, no trajeto para a escola, na entrada e nas suas dependências. Apesar de não ser responsabilidade da escola, caso o aluno se contamine em casa ou no trajeto para a escola, ele poderá contaminar seus colegas e professores. A dica é abusar da comunicação visual com *banners*, cartazes, bandeirolas e adesivos, preferencialmente aplicando o mesmo padrão de comunicação utilizado nas campanhas de *marketing* e nos protocolos para criar uma identidade vinculada à escola. O quadro a seguir apresenta uma sugestão de itens para compor a campanha de protocolos.

EM CASA	NO TRAJETO	NA ESCOLA
• Cuidados antes e depois de sair de casa • Lavar com frequência as mãos	• Cuidados na ida e na volta para a escola • Utilizar álcool em gel para higienizar as mãos/ Usar máscara de proteção durante todo o percurso	• Abrir as janelas • Lavar com frequência as mãos • Marcador de distanciamento • Orientações para convivência • Protocolos de entrada • Protocolos de recepção e secretaria • Cuidados na sala de aula • Controle de entrada no banheiro • Cuidados na sala dos professores • Cuidados na cantina

Circular de investimento

A escola terá que investir uma quantia considerável para se adequar às novas normas sanitárias e aumentar os cuidados com a higienização, além de investir em plataformas de ensino remoto e comunicação dos protocolos. Por esse motivo, a escola deve registrar todos os investimentos realizados para a retomada das aulas e enviá-**los** para as famílias junto com os protocolos.

Retorno dos alunos que saíram

Mantenha contato com os alunos que saíram da escola por meio do envio de atividades que são realizadas no dia a dia. A escola precisa de alunos, e os que saíram já conhecem e têm vínculo com a instituição.

Caso retornem para a escola, eles não precisarão encarar mais um trauma, o de ter que ingressar em outra escola sem os amigos depois de passar um longo período em confinamento. Inclusive, este é um argumento verdadeiro e deve ser utilizado com as famílias. Assim que a data de abertura for oficializada, a escola deve ligar e mandar um convite para propor o retorno do aluno.

Para agir de maneira justa e não gerar reclamações de quem continuou na escola, as condições para as rematrículas das famílias que permaneceram e para as que retornaram devem ser diferentes.

O importante e mais viável é diferenciar os pais fiéis com políticas promocionais futuras, como descontos na primeira parcela da anuidade, no material didático, nas aulas extras, etc. Mesmo com pouca probabilidade de sucesso, a escola precisa tentar reduzir o desconto que foi proposto e não aceito antes de o aluno ir embora.

A escola deve enviar aos pais o comunicado de volta às aulas com a logomarca da instituição para não passar uma sensação puramente comercial, e somente para os que achar conveniente. O comunicado pode ser uma circular personalizada, enviada por *e-mail* ou *apps* de comunicação, ou ainda uma ligação de *telemarketing*.

Bem-Vindo

Como dito anteriormente, para a Campanha "Seja Bem-Vindo", a escola deve utilizar as estratégias de *inbound marketing*, que é a divulgação por meios digitais, e de *outbound*, com a colocação de faixas ou *banners* na fachada e distribuição de brindes. Com o objetivo de incentivar os alunos que ainda não voltaram, os que saíram e as prospecções, divulgue as sensações e emoções dos alunos e seus familiares no primeiro dia de aula.

Inbound marketing:
- *post* nas redes sociais;
- *banner* no *site*.

Outbound marketing:
- faixa ou *banner* na fachada;
- cartazes;
- bandeirolas;
- adesivos.

Brindes:
- máscaras de proteção personalizadas e temáticas;
- camisetas para os colaboradores.

Rematrícula

As escolas que fizeram um bom trabalho ao longo da fase de confinamento, isto é, mostraram serviço e conseguiram engajar as famílias, terão sua fidelização maior; e as que conseguirem colocar as estratégias corretas de rematrícula e matrículas novas em prática terão os melhores resultados. O que será diferente dos últimos anos é que os valores terão uma maior influência nas negociações.

As etapas das ações de rematrículas também serão diferentes. O *deadline* (data-limite) da retomada ditará o calendário das ações de comunicação e *marketing* para cada etapa da campanha.

Estratégias de rematrículas

Uma rematrícula bem-feita requer uma análise minuciosa do fluxograma e a implantação de todas as etapas.

BUDGET	COMUNI-CAÇÃO	REMATRÍ-CULAS ON-LINE	REGRAS COMERCIAIS	CAMPA-NHA DE MARKETING	SISTEMA DE GESTÃO
• Investimento	• Plano de mídia	• Softwares • Questões jurídicas	• Reajuste • Parcelamento	• Descontos • Brindes	• Rematrícula • Telemarketing

As etapas de implantação das estratégias de rematrículas estão detalhadas a seguir.

Budget: é o investimento que será disponibilizado para a realização da divulgação da rematrícula, os brindes, os descontos e o material de comunicação dos protocolos.

Exemplo: o *budget* estipulado será de 50% do valor da primeira parcela da anuidade, sendo 30% para descontos de antecipação, 10% para custeio do material de divulgação dos protocolos, 5% para brindes e 5% para divulgação da rematrícula. Com o *budget*, a escola consegue definir um teto de gasto e fazer uma previsão orçamentária mais clara.

Comunicação: a maioria das famílias das escolas de Ensino Básico não está habituada a realizar suas rematrículas pela internet. Nos últimos anos, o crescimento das rematrículas *on-line* foi muito modesto. Mas da mesma maneira que aprendemos a trabalhar em *home office* e ministrar as aulas remotas, o próximo desafio será efetuar as rematrículas de forma não presencial.

HISTÓRICO DA UTILIZAÇÃO DAS REMATRÍCULAS ON-LINE					
2014/2015	2015/2016	2016/2017	2017/2018	2018/2019	2019/2020
5%	2%	1%	4%	4%	9%

Toda mudança e inovação exige um grau de aprendizagem significativo. Para que as rematrículas *on-line* não se tornem um entrave, será necessário um foco especial no treinamento de colaboradores envolvidos e pais:

• enviar as circulares de rematrículas com o *link* do programa;

• disponibilizar um tutorial no *site*;

- criar um *chat* ou deixar uma linha telefônica específica para o atendimento.

Rematrículas *on-line*: basicamente, todas as escolas precisarão efetuar suas rematrículas *on-line* e, consequentemente, de um *software* específico. Existem inúmeros programas que efetuam rematrículas *on-line*. A escola deve pesquisar e adquirir um que seja condizente com seu orçamento.

É necessário certificar-se de que o *software* de rematrículas *on-line* está atualizado com os dados dos inadimplentes para que estes sejam avisados. O sistema deve pedir para os pais entrarem em contato com a escola a fim de resolver a pendência.

Regras comerciais: devido à queda do poder aquisitivo das famílias e à concorrência que irá se acirrar cada vez mais, as estratégias de rematrículas vão demandar políticas promocionais mais competitivas que as anteriores à pandemia. Para que as estratégias tenham um bom resultado e afetem o mínimo possível os custos da escola, algumas regras precisam ser seguidas:

Evitar conceder descontos nas parcelas da anuidade: os pedidos de descontos, que já eram uma prática comum, ganharam proporções alarmantes com a queda de poder aquisitivo e o desemprego das famílias. Recomenda-se que a escola evite ao máximo conceder descontos nas parcelas da anuidade e nas estratégias de captação de clientes novos. Esse feito se tornará rapidamente um direito adquirido, e a escola terá muita dificuldade em retirá-lo, além da possibilidade de o cliente pedir mais um abatimento.

- desconto na primeira parcela da anuidade;

- isenção da terceira parcela da anuidade;

- entrega do *kit* de proteção;

- desconto no material didático;

- ganho do uniforme;

- atividade extracurricular sem custo;

- período de férias sem custo;

- sem reajuste para 2021;

- desconto no programa bilíngue, *maker*, etc.;
- brindes.

Identificar famílias com desconto: deixe registrado por escrito que a família já dispõe de um benefício e que, para o próximo ano, tal benefício poderá ser mantido, mesmo que parcialmente, caso realize a rematrícula na data estipulada.

Enfatizar na circular de rematrícula os benefícios compulsórios:
- desconto para irmãos;
- desconto para pagamento à vista;
- desconto por pontualidade;
- convênios com empresas;
- desconto amigo;

Aplicar a política de reajuste: segundo as leis vigentes no país, o valor da anuidade para o ano seguinte deverá ser igual à última parcela do ano anterior, mais a composição do aumento salarial dos colaboradores, a inflação e o repasse dos investimentos, que este ano terá um acréscimo devido à implantação de protocolos de segurança, um custo ainda difícil de mensurar.

Estima-se que o **Índice de Preços para o Consumidor Amplo** (IPCA) para 2020 ficará em torno de 1,5% e, em 2021, manterá a tendência de baixa. O reajuste salarial dos professores ficará na casa dos 4% a 6% dependendo do Estado. Nesse momento, recomendo um reajuste de 3% a 5% para minimizar os gastos e negociar caso a caso.

Vale ressaltar que a análise apresentada é uma fotografia momentânea e que poderá se alterar no futuro. Por isso, a confirmação final do plano comercial deverá acontecer um pouco antes do lançamento oficial da rematrícula.

ANO	IPCA	REAJUSTE MÉDIO	SUGESTÃO DO AUTOR
2007	4,45%	6,80%	
2008	5,90%	8,20%	

2009	4,27%	9,30%	
2010	5,91%	9,50%	
2011	6,50%	10,0%	
2012	5,10%	9,50%	
2013	5,90%	9,50%	
2014	6,50%	10,0%	
2015	8,30%	10,50%	
2016	6,30%	10,0%	
2017	4,30%	9,50%	
2018	3,80%	9,0%	
2019	5,0%	9,0%	
2020	1,5%		3% A 5%

Campanhas de *marketing*: as campanhas de rematrículas precisam chamar atenção para algo positivo, criativo e que proporcione a sensação prazerosa de um benefício simbólico associado a uma política promocional.

O que existe em comum para todas as pessoas é que o processo decisório é influenciado pela liberação de hormônios no cérebro que ativam o sistema de recompensa. Tudo começa quando desejamos algo, que pode ser material (como um desconto ou brinde), emocional (como atenção) ou um propósito mais profundo (como o desejo de que o filho seja feliz e realizado). Nossos desejos sempre são interligados e concomitantes, em outras palavras, uma mãe almeja um desconto, um brinde, atenção e que a escola seja ótima para seu filho. O que varia é o grau de importância de cada desejo, que pode alterar-se a qualquer momento. Quando ocorre essa variação, o cérebro libera dopamina, neurotransmissor relacionado à motivação, que melhora o foco e propicia sensações prazerosas. Em seguida, o cérebro libera adrenalina, que estimula a tomada de atitudes, como atualização dos dados cadastrais e de assinatura do contrato. Depois que conseguimos o que queremos, a sensação final de conquista e realização libera doses generosas de serotonina, que está relacionada ao estado de ânimo, segurança e o desejo de experimentar a sensação novamente, isto é, permanecer na mesma escola.

Financeiro

Olhos de águia para a situação financeira da escola, pois ela pode mudar muito rapidamente. Existem três alavancas que as escolas podem usar para aliviar sua situação de caixa: aporte de caixa, gestão das receitas, redução das despesas e aporte financeiro.

Em caso de necessidade para pagar as contas essenciais, como aluguel, impostos e principalmente folha de pagamento, a escola pode recorrer a empréstimos bancários, créditos imobiliários ou aporte financeiro dos sócios.

De forma concomitante, a instituição precisa buscar a redução de custos, como renegociação do aluguel, e utilizar a legislação vigente, como a suspensão e redução de salários. Este é o momento para tentar uma renegociação e prorrogação do pagamento de financiamentos e impostos.

E, por último, focar na gestão da sua receita por meio da renegociação de descontos e inadimplência.

Gestão de inadimplência

Em época de perda de poder de compra, a população tende a ter mais dificuldade em quitar suas dívidas, desorganizando seu orçamento mensal e, consequentemente, tornando-se inadimplente.

Nesse momento, são privilegiadas as contas obrigatórias para a subsistência, como água e luz, e depois as que recebem mais cobranças. Sendo assim, se a escola não tiver um programa de cobrança eficaz, ficará nas últimas colocações na ordem de pagamento. Enfim, em época de pouco dinheiro, paga-se primeiro quem cobra mais.

Na conjuntura atual, a forma mais eficaz de reduzir o atraso e a inadimplência é entrar em contato com a família, escutar seus anseios e negociar caso a caso. Demonstrar desde cedo que a instituição compreende a situação, que notou a pendência financeira e que irá, de forma educada e objetiva, cobrá-la.

O importante é não deixar o atraso (dentro do mês) transformar-se em inadimplência (de um a dois meses) e, posteriormente, evoluir para inadimplência mórbida (atraso de três meses ou mais), pois, quanto maior o valor da dívida, mais difícil será sua quitação.

A escola não deve perder tempo e energia com envio de SMS, mensagens de WhatsApp e *e-mails*. Após dois dias de atraso do pagamento do boleto, um responsável deverá efetuar a primeira ligação e continuar os contatos até no mínimo o terceiro mês de atraso.

É preciso que o gestor educacional atue em duas perspectivas. A primeira se refere à prevenção: é preciso conhecer o cliente a fundo para saber como ele costuma se comportar em relação aos pagamentos e até mesmo se o poder aquisitivo dele permitirá arcar com as mensalidades. A segunda perspectiva de combate à inadimplência relaciona-se com a cobrança: é necessário praticar formas saudáveis de recordar ao responsável pelo aluno que os pagamentos não estão em dia.

Antes de tudo, é preciso lembrar que o aluno inadimplente não pode de forma alguma receber qualquer tratamento diferenciado dentro ou fora da sala de aula. Os direitos dele são os mesmos dos alunos que estão em dia com as mensalidades. Vale reforçar que não se pode ameaçá-lo nem mesmo impedi-lo de assistir a qualquer aula, suspender provas ou reter documentos escolares.

É fundamental conhecer bem o responsável pelo pagamento. A inadimplência só costuma ocorrer quando a empresa não conhece bem o cliente para o qual presta algum serviço. Quando um novo aluno for iniciar os estudos na instituição, é necessário fazer um cadastro preciso e solicitar informações completas, como dados financeiros, local e tempo de trabalho, pedir referências pessoais e solicitar cópias dos documentos.

A seguir, estão relacionadas algumas questões relevantes a respeito da gestão da inadimplência:

Pesquisa em SPC e Serasa

Não existe mais dúvida sobre o tema. É perfeitamente legal para qualquer empresa pesquisar os seus clientes nas centrais de restrições. O Código de Defesa do Consumidor (Lei nº 8.078, de 11/09/1990), em seu Art. 43, § 4º, reconhece os serviços de proteção ao crédito como entidades de caráter público, o que é um verdadeiro incentivo aos tesoureiros para consultar seus alunos ou contratantes.

A grande vantagem é conhecer o conceito do responsável financeiro perante outros organismos (bancos, lojas, financeiras, etc.). É natural que alguém com nome limpo ofereça um risco bem menor do que outra pessoa com diversas restrições.

O aluno só pode ser considerado inadimplente após três meses de atraso das mensalidades. Antes disso, seu nome não pode ser inscrito em cadastro de maus pagadores (SPC ou Serasa) nem ocorrer cobrança judicial.

É importante declarar essa providência em cláusula própria do contrato educacional, exatamente para resguardar o contratante dos riscos de bloqueio no crédito pessoal. Além disso, nunca é demais lembrar a necessidade de notificação prévia em carta com aviso de recebimento.

Contrato duplo

Exigir que o contrato de matrícula seja assinado por duas pessoas. Dessa forma, a responsabilidade pelo pagamento passa a ser de mais de uma pessoa, e a chance de receber duas vezes maior.

Contrato de seguros educacionais

A escola pode utilizar o serviço e inserir o valor na própria mensalidade ou ofertá-lo como opcional aos pais. Com o seguro, em situações como desemprego, incapacidade monetária, invalidez e falecimento, as mensalidades são pagas pela seguradora, de acordo com a cobertura adotada.

Famílias negativadas

A exigência de fiador como condição para a assinatura do contrato com a instituição é prática abusiva, pois, mesmo privado, o ensino é direito do cidadão. A escola pode optar por um avalista.

Uso correto dos boletos bancários

O envio do boleto por correio deveria ser regra, mas é comum (e errado) entregá-lo em sala de aula. As instruções escritas no boleto dificilmente equivalem às penalidades constantes no contrato educacional, e invariavelmente vemos alunos se aproveitando dessa disparidade para obter vantagens indevidas.

Desconto de pontualidade

Utilizado como incentivo aos contratantes para o pagamento em dia das mensalidades. Nada impede que seja incluído no contrato principal, como já declaramos, mas o aditivo para esse fim é muito melhor como garantia de sua vigência provisória, em especial quando se deseja oferecer benefícios diferentes a cada aluno.

Campanha de captação

É essencial que as escolas se preocupem em fortalecer o seu institucional e deixar sua marca na lembrança das pessoas, por meio de conteúdo relevante (*marketing* de conteúdo), divulgação de seus serviços e diferenciais por meio de propaganda (*marketing* comercial) e preparação para as vendas (comercial) quando o mercado começar a se reativar.

Mesmo que concomitantes, as etapas variam de intensidade conforme a época. Do início da pandemia até hoje, as ações de *marketing* de conteúdo devem ter mais relevância. Não é de bom tom, e é sem propósito, lançar agora a rematrícula e as campanhas promocionais. Hoje, as escolas passam pelas maiores dificuldades da sua história e precisam de atenção, apoio e informação.

O período de alta sazonalidade, isto é, a época natural de instabilidade do setor em que ocorrem as perdas e entradas de alunos terá início com a retomada das aulas, mesmo que de forma semipresencial. É nesse momento que se deve dar início às campanhas de propaganda de forma gradativa.

Marketing de conteúdo

Este é o momento de se tornar uma liderança regional e apoiar os alunos, os familiares e o entorno com informação segura, suporte emocional e ótima prestação de serviços. As principais formas de divulgação são:

Newsjacking: é o acompanhamento de informações do momento, utilidade pública, dicas de saúde, educação e curiosidades. No contexto atual, as escolas devem buscar na internet e em plataformas de pesquisas dados e estatísticas a respeito da pandemia da Covid-19.

Marketing pedagógico: produzido pelo corpo docente da escola, tem o objetivo de apresentar e explicar a qualidade do trabalho feito em sala de aula, o processo de ensino-aprendizagem e quais benefícios os alunos têm em estudar na escola.

Good news: conteúdo que desperta sensações positivas, como boas notícias, depoimentos, conquistas e comemorações. Segundo análise das escolas assistidas pela Rabbit Digital, consultoria de *marketing* digital especializada em escolas, esta modalidade de postagem gera mais curtidas e comentários que os demais formatos.

Marketing social: neste momento de comoção, as ações que envolvem a solidariedade e a promoção da empatia geram grande engajamento. Além disso, o conceito de *marketing* social é exatamente a chance de as empresas criarem campanhas que não tenham somente a intenção de vender, mas também de formar uma imagem de sua marca por meio de ações sociais.

Propaganda: normalmente, as campanhas educacionais cumprem seu papel de institucionalização da marca por meio de divulgação da proposta pedagógica, propósito, atividades intra e extracurriculares, estrutura e qualidade do corpo docente. Mediante a situação do mercado e o aumento da competitividade, as escolas poderão utilizar campanhas com estratégias comerciais (concurso de bolsas de estudo, descontos e condições especiais), desde que tenham cautela para não desestimular seus clientes atuais.

Inbound marketing: o que já era uma tendência, neste período de pandemia tornou-se imprescindível. Todas as etapas necessitam do *inbound marketing*, estratégias que utilizam as ferramentas existentes no mundo digital, como *blogs*, redes sociais, SEO (otimização para mecanismos de busca), *webmails*, automação, entre outras, para atrair clientes, gerar *leads* (pessoas que têm um interesse real na instituição) e torná-los fiéis por meio da disseminação de conteúdo relevante.

Pipeline

Também conhecido como funil, é um modelo estratégico que mostra a jornada do cliente desde o interesse até a concretização das vendas, com foco no *inbound marketing*. O funil possui três etapas principais: topo TOFu (*Top Of the Funnel*), formado por potenciais clientes; o meio MOFu (*Middle Of the Funnel*), onde estão os *leads*; e fundo BOFu (*Bottom Of the Funnel*), que é composto por *leads* qualificados (aqueles que estão mais próximos de uma eventual visita à escola). As etapas do *pipeline* estão detalhadas a seguir:

1ª etapa: **Indicação**

Para qualquer tipo de empresa, a propaganda boca a boca, quer seja de forma presencial, telefônica, quer seja digital, é uma grande fonte de venda.

Para as empresas de maior relevância, como hospitais e escolas, a indicação é uma condição *sine qua non*. A maioria das pessoas que buscam uma escola veio por uma indicação ou pelo menos já ouviram falar de algo relacionado à instituição.

Fazer a matrícula em uma escola é uma atitude que mudará a vida de um filho para sempre. Por isso o conhecimento prévio é tão valorizado. A reputação da instituição nasce da qualidade do professor em sala de aula e se acumula ao longo do tempo até se tornar uma marca da escola, que pode ser boa ou ruim. Portanto, as estratégias de *inbound marketing* só funcionarão se a prestação de serviço for condizente.

2ª etapa: **Atração**

É nessa etapa que as famílias têm contato com o *site*, o *blog*, as redes sociais e demais meios de comunicação, descobrem a sua existência e se interessam pela escola. Nessa fase, corre a propaganda que se baseia em três pilares, além do *marketing* de conteúdo mencionado anteriormente:

- *Hub-and-spoke*: para facilitar a gestão dos dados, pode-se utilizar essa estratégia, que consiste em convergir todos os contatos em uma *landing page*.

- Redes sociais: deve-se efetuar as postagens e monitorar os resultados. É importante acompanhar as postagens e verificar os conteúdos mais visualizados, os horários de maior acesso e o número de seguidores novos e quantos deixam de seguir a instituição.

- SEO: *Search Engine Optimization* é um conjunto de estratégias a serem aplicadas no *site* da escola para que se torne relevante e apareça nas primeiras posições do buscador de conteúdo. Existem estratégias orgânicas, isto é, sem custo, e os *ADS*, que são os impulsionamentos pagos. É aconselhável, na época de alta sazonalidade, investir uma pequena verba no *site* e nas redes sociais.

3ª etapa: **Automação**

As pessoas que preencheram a *landing page* e acessaram *o call to action* (palavras utilizadas para orientar o usuário, como "saiba mais" e "acesse agora"), ou pediram alguma informação por outros canais de divulgação, são denominadas *leads*, isto é, pessoas realmente interessadas, como mencionado anteriormente.

Mesmo os clientes em potencial que declinaram o convite em um primeiro momento precisam ser estimulados com ações de *marketing* de conteúdo periodicamente, pois podem mudar de ideia ou indicar a escola para outra pessoa. Para isso, a instituição necessita montar uma régua de relacionamento que determina um conjunto de ações como ponte de contato entre a escola e a família. Exemplo:

> Acesso ao site > Formulário de contato > Mensagem de boas-vindas + Apresentação dos diferenciais da escola > Convite por telefone para conhecer a escola > Envio de conteúdo relevante periodicamente

Quanto melhor a estratégia de *inbound marketing*, maior será a amplitude dos meios de comunicação com respostas dos clientes. Mesmo direcionadas para a *landing page*, as famílias entrarão em contato por *site*, redes sociais, *e-mails* diversos e ligações. Para a escola não se perder e deixar de proporcionar o retorno esperado, é importante automatizar a *pipeline* convergindo todos os *leads* em um único local de forma organizada. Assim será possível proporcionar um rápido retorno e manter um contato periódico com os clientes em potencial.

Esse modelo de ferramenta também gera dados estatísticos relevantes. Com ela, torna-se mais fácil mensurar os resultados obtidos com as estratégias utilizadas. Assim, todos os contatos enviados pelos clientes em quaisquer mídias serão enviados diretamente para o sistema comercial, para que a escola possa entrar em contato por telefone e efetivar o pós-atendimento.

4ª etapa: **Atendimento e venda efetiva**

O *prospect* (possível cliente) pode ser ativo, ligar diretamente para a escola, ou passivo (*lead*), ter preenchido um cadastro (*landing page*). No primeiro caso, o ideal é atendê-lo imediatamente, pois neste momento ele está disponível e interessado em conhecer a escola. Quanto ao cliente que preencheu o questionário, receberá uma ligação para agendar uma apresentação da escola. Ratifique o agendamento por mensagem.

O momento da apresentação é a melhor oportunidade para convencer o *prospect* de que a escola é a melhor opção de escolha.

A ordem do atendimento deve ser: primeiro a saudação, depois sondagem, roteirização, diferenciais, fechamento e captação de dados cadastrais. O que difere é que todo processo será virtual.

O atendimento deve ser realizado *face to face* por um programa com o qual a escola já esteja habituada, como Hangout, Zoom, Webex. Após as apresentações e a sondagem inicial, minimize a tela, apresente um PowerPoint com os diferenciais e a roteirização, por meio de um Tour Virtual 360°, *design* de interface para navegação na *web*.

Após o término do atendimento, deve-se enviar a apresentação com o *link* do *tour* virtual. Não poste nem disponibilize o *tour* no *site*. Se o cliente já conhecer as instalações, pode ficar parcialmente satisfeito e, consequentemente, com menos estímulo para agendar uma apresentação.

O valor deve ser passado depois que o cliente estiver encantado com os diferenciais e a roteirização. Esse é o momento em que ocorrerão as negociações. Neste ano, a competição entre as escolas para captar clientes será acirrada e haverá um aumento da concorrência predatória. Quanto menor é o mercado, maior é a concorrência. Um ambiente onde as vantagens competitivas das escolas não são facilmente reconhecidas, como a proposta pedagógica, associadas a uma drástica perda de poder de compra, é um cenário fértil para a guerra de preços.

Sou a favor do livre comércio, porém, a estratégia de reduzir o valor das mensalidades próximo ao abaixo do seu custo com o objetivo de captar mais alunos pode gerar sequelas permanentes, como a dificuldade em voltar a subir os preços e recuperar os lucros, queimar as reservas e reduzir os investimentos futuros. Também não se fideliza clientes somente pelo preço. Logo que ele encontre uma escola mais barata, não terá rodeios para trocar.

Em muitas regiões, as escolas terão que lidar com concursos de bolsas de estudo agressivos e altos descontos compulsórios. Isso causará uma redução do combalido *ticket* médio das mensalidades.

Outra questão relevante é que o mercado educacional particular de Ensino Básico possui, atualmente, uma consolidação de 3% (quantidade de alunos concentrados em redes ou grandes corporações educacionais) e que, com o fechamento das escolas, poderá alcançar 15% em pouco tempo. Isso significa que as grandes redes abocanharão uma parcela significativa de alunos das escolas que fecharem.

Esse é o momento propício para essas empresas ganharem participação de mercado, comprando escolas ou a carteira de clientes das que fecharem.

O lado bom é que esse tipo de estratégia não consegue se manter por muito tempo, e os riscos das escolas que entrarem nessa disputa serão maiores que os resultados efetivos. Não será muito fácil lidar com essa situação, mas existem algumas ações que poderão minimizar os efeitos da concorrência predatória:

1. *Branding*: como já mencionado, neste momento as escolas precisam se preocupar em fortalecer o seu institucional e deixar sua marca na lembrança das pessoas;

2. *Benchmarking*: além do modelo atual de vendas, as escolas precisam analisar os atendimentos dos concorrentes mais agressivos e estar preparadas com seus contra-argumentos;

3. Vendas: a qualidade do atendimento e da venda será ainda mais relevante. Para isso, a pessoa precisa ter perfil de vendas, metas claras, treinamento para lidar com os pedidos de descontos e negociações, com supervisão e meritocracia.

O item "Vendas" acima traz elementos importantes para a eficiência da qualidade de atendimento dos clientes, que estão detalhados a seguir.

Metas: são os parâmetros que o time precisa atingir semanalmente. É inadmissível descobrir que a escola não está bem somente depois de um mês do início da alta sazonalidade.

Supervisão: verificar diariamente a qualidade e a *performance* do atendimento e do pós-atendimento. Na época de alta sazonalidade, o líder precisa organizar sua rotina para escutar o atendimento telefônico e pós-atendimento, acompanhar as vendas presenciais, ministrar as reuniões de monitoramento e verificar o desempenho do seu time.

Meritocracia: a pessoa encarregada das vendas precisa receber um incentivo extra relacionado diretamente ao seu desempenho no que tange à efetivação de matrículas.

Negociação: serão ainda mais comuns os colaboradores das escolas escutarem: "Se não me der um desconto eu vou mudar de escola" ou "A escola X me deu 30% de desconto, o que você pode fazer para que eu matricule meu filho?". Será um desafio conseguir identificar os motivos dos descontos. O primeiro passo para gerar um bom argumento é identificar a necessidade do pedido.

4 Campanhas institucionais: realizadas por várias escolas da região, auxiliam a população a criar consciência coletiva. Tradição, "parceria há 20 anos", por exemplo, qualidade de ensino e experiência são argumentos que podem fazer frente à companha de escolas novas com valores predatórios.

Criatividade para adaptar-se às mudanças e inovar o mercado educacional

Quando o assunto é criatividade, o que vem primeiro à nossa mente? Na maioria das vezes, relacionamos a criatividade ao mundo das artes plásticas, da dança, da música e da tecnologia. Também associamos a criatividade a grandes gênios que mudaram o mundo com novas formas de pensamentos e grandes descobertas como, por exemplo, os artistas Michelangelo, Picasso, Baryshnikov, Walt Disney e Tarsila do Amaral, os renomados cientistas Albert Einstein, Leonardo da Vinci e Santos Dumont, os esportistas Pelé e Ayrton Senna, os educadores Piaget, Maria Montessori e Emilia Ferreiro, os pensadores Aristóteles e Freud, os escritores Clarice Lispector e Shakespeare, e os gênios da tecnologia Bill Gates, Steve Jobs e Hedy Lamarr, inventora da conexão *wireless* que permitiu o desenvolvimento de tecnologias como o *Wi-Fi* e o *Bluetooth*.

Um dos mais ecléticos gênios criativos do mundo foi Salvador Dalí. Mais conhecido pela pintura surrealista, também atuou com *design* de móveis, ganhando vários prêmios com seu sofá com lábios de Mae West e revolucionou o cinema com os filmes *Cão Andaluz* e *A Idade do Ouro*. Também foi joalheiro e, como arquiteto, desenhou entre inúmeras obras o Teatro-Museu em Figueres, na Catalunha. Ele também desenhou cenários, roupas, tecidos, embalagens e logotipos, como o do pirulito Chupa Chups, sugerindo ao fabricante que a marca ficasse no topo da embalagem para que sempre estivesse visível ao público.

Dalí é um exemplo de que uma pessoa pode ser criativa de várias formas, desde a criação de obras de artes até uma simples mudança da posição de uma logomarca na embalagem de um pirulito.

A mente criativa é uma característica que todos os seres humanos possuem e que pode ser aprendida, aperfeiçoada e utilizada para resolver desde pequenos problemas do cotidiano até conceder grandes inventos e obras de arte.

Na maioria das vezes, para resolvermos um problema, usamos grandes doses de criatividade. Por esse motivo, no mundo moderno, onde não faltam problemas, uma das premissas para obter o sucesso profissional e conviver harmonicamente em sociedade é ser criativo. Uma pesquisa recente da IBM americana com 1500 presidentes de empresas de sucesso identificou a criatividade como a competência número um do futuro.

Porém, muitas vezes, escolas, familiares e amigos projetam uma visão limitada de nossas habilidades, não aceitando pensamentos discordantes e que desafiam os modelos estereotipados.

A sociedade prepara as pessoas para cumprir as expectativas dos outros: ser uma mãe perfeita, um colaborador eficiente, um líder generoso, um filho de sucesso... E também nos influencia a nos tornarmos pessoas análogas a todas as outras, com os mesmos objetivos, como comprar um carro, ganhar dinheiro, passar na melhor universidade, casar, ter filhos... Quem não cumpre as normas da sociedade corre o risco de ser um pária em um mundo cada vez mais preconceituoso e conformista.

Ao esquecer quem realmente somos, perdemos a capacidade de desenvolver nossas verdadeiras habilidades, inovarmos e sermos criativos. As escolas não escapam dessa retórica: quando o professor só aceita a resposta igual à da apostila, quando o aluno escuta o professor dizer frases como "eu faço isso há muitos anos e sempre deu certo" e, antes de tentar uma nova abordagem, diz que na sua escola isso não funciona.

O primeiro passo para ser uma pessoa inovadora e criativa é ter a consciência de que não há problema em ser você mesmo. Todos possuem qualidades e defeitos. O que diferencia as pessoas inovadoras das demais é que elas se autoconhecem, aceitam suas qualidades e defeitos e usam-nos a seu favor. A inteligência intrapessoal ajuda a pessoa a entender o que pode oferecer de especial para o seu trabalho, para as pessoas que a cercam e para o mundo. Cada um de nós deve perguntar a si mesmo qual a principal qualidade que temos e como podemos usá-la para melhorar a empresa onde trabalhamos.

Escolhi a criatividade como um dos principais tópicos da minha participação neste livro por três motivos:

1. Para a escola se adaptar às mudanças e inovar o mercado educacional: o mercado de escolas passa por um momento de disruptura com a necessidade de ministrar aulas remotas, ensino híbrido e *home office*, além de se adequar cada vez mais para promover o desenvolvimento das competências e habilidades estabelecidas pela Base Nacional Comum Curricular (BNCC).

2. Para resolver problemas: adequar a prestação de serviços ao crescimento do nível de exigências decorrente da facilidade de acesso à informação. **Há um a**umento de problemas relacionais devido ao inconsciente coletivo depressivo proveniente da pandemia, do confinamento e da instabilidade econômica.

3. Para potencializar professores e alunos: o mundo digital e globalizado é um incentivo natural ao desenvolvimento da

criatividade nas pessoas. Nesse contexto, é imprescindível que a escola assuma um papel protagonista e se torne verdadeiramente um espaço onde o corpo docente e os alunos possam manifestar sua imaginação em busca de novas respostas para novos problemas e se tornem agentes transformadores do seu entorno.

Criatividade como tema para a reunião de planejamento estratégico e pedagógico

A escolha e indicação desse tema tem o objetivo de auxiliar as escolas com a BNCC, terreno fértil para o desenvolvimento da criatividade, pois incentiva e enfatiza a importância da reflexão, análise crítica e imaginação, com o objetivo de investigar causas, elaborar e testar hipóteses, formular e resolver problemas e criar soluções que propiciem uma melhora concreta na vida do aluno, no meio em que vive e no mundo.

A escola tem o papel de preparar o aluno para uma realidade marcada por um permanente estado de mudança, em que o futuro é incerto, os problemas são difíceis de resolver e boa parte das perguntas possui um conjunto variável de respostas.

A proposta de tema de fundo para o planejamento do próximo ano pode ter como título "Quem não se mexe, dança!" pelo motivo de que não é possível inovar sem se movimentar em direção ao novo.

O ser humano se movimenta desde que nasce. Engatinha, caminha, corre, salta, dança em busca de novas maneiras de utilizar seu corpo. Ao se movimentar por intermédio da dança, expressa suas emoções e seus pensamentos.

É importante repensar a ideia de que, com a desculpa de manter a ordem, as escolas suprimem os movimentos corporais ao restringir os alunos a longos períodos em suas carteiras, em filas, sentados e quietos, chegando a considerar as atitudes contrárias como atos de indisciplina.

A dança, juntamente com a música, é uma das formas mais antigas de demonstração criativa e comunicação não verbal exercida não só pelo homem, mas também por outros animais, como aves, mamíferos e insetos para se acasalar e defender território.

Na atual conjuntura, em que as artes e as ciências caminham para um espaço comum, a criatividade tornou-se fundamental para o desenvolvimento dos aspectos espaciais, temporais, corporais e relacionais.

A dança tem o poder de desbloquear o potencial criativo das pessoas. Os movimentos espaciais e padrões sonoros potencializam as inteligências musicais e corporal-sinestésicas que ativam o fluxo da consciência, tornando os sentidos mais aguçados e aumentando a criatividade. Isso ocorre quando a atenção dos nossos sentidos é direcionada a metas realistas, ações reflexivas conscientes e subconscientes e movimentações que energizam o cérebro e propiciam a motivação.

A dança deixou de ser somente uma forma de expressão artística e de lazer, passando a fazer parte do desenvolvimento do ser humano consigo mesmo, com o outro e com seu meio.

Metodologia psicodramática

As técnicas e ferramenta de Psicodrama desenvolvidas pelo médico romeno Jacob Levy Moreno podem ser utilizadas para potencializar o processo de aprendizagem de crianças, jovens e adultos. Essa metodologia tem como linha mestra de atuação três dos seus principais preceitos andragógicos: propicia a vivência, mesmo que fantasiosa, a partir do reconhecimento das diferenças e dos conflitos, e facilita a busca de alternativas para a resolução dos problemas revelados. Por ser um jogo, tem sua própria razão de ser e contém, em si mesmo, seus objetivos concretos que geram competitividade e, por consequência, a meritocracia.

Um simples jogo ou uma dinâmica de grupo não podem ser considerados um Psicodrama. Para isso, é preciso haver a dramatização e o compromisso dos jogadores em viver algo que os comova, que os envolva em um conflito que possa ser trabalhado. Os recursos utilizados para executar o método psicodramático e suas técnicas são:

Cenário	Onde se constrói o contexto dramático. É o campo de trabalho do diretor.
Protagonista	É quem centraliza, constrói e desempenha os papéis no jogo. Pode ser um indivíduo, uma dupla ou um grupo.
Diretor	Sua função é iniciar, facilitar o bom desenvolvimento e finalizar a cena dramática.
Ego-auxiliar	Auxilia o diretor a manter o protagonista no contexto dramático, age como facilitador de insights, observa, registra dados e expressa opiniões.
Público	São os membros do grupo que participam de forma objetiva ou subjetiva da cena dramática.

O Psicodrama possui cinco etapas procedimentais:

AQUECIMENTO	DRAMATIZA-ÇÃO	COMENTÁ-RIOS	PROCESSA-MENTO	PROCES-SAMENTO TEÓRICO
O diretor explica as regras do jogo e os participantes são preparados para a construção dos papéis.	É o jogo dramático propriamente dito. É nessa etapa que o diretor pode identificar conflitos.	São os comentários feitos pelos participantes após o jogo.	Fechamento, é a releitura da dramatização e dos comentários, direcionando-os aos seus objetivos.	É a introdução dos conceitos ou objetivos propostos.

A seguir são apresentadas algumas sugestões de atividades psicodramáticas para serem realizadas na reunião de planejamento estratégico de início de ano. É importante que sejam adaptadas, quando necessário, em atenção aos protocolos oficiais de saúde e segurança.

1ª fase: Identificação do EU
Tema: Perfil de um inovador

Visa ao desenvolvimento da inteligência intrapessoal, isto é, a descoberta de si mesmo, da própria identidade e do meio que o cerca, por meio da sensibilidade e percepção (tátil, olfativa, auditiva, gustativa e visual).

PREAQUECIMENTO

Em seus trabalhos, Todd Lubart, professor de psicologia na Université Paris Descartes e PhD pela Universidade de Yale, lançou a ideia de que a criatividade resulta de uma interação complexa entre quatro componentes principais: os fatores cognitivos, como as inteligências e o conhecimento; os fatores conativos, que se referem aos traços da personalidade e motivação; os aspectos emocionais e os ambientais.

Rod Judkins, pintor e professor no Central Saint Martins College of Art, uma das mais influentes escolas de arte do mundo, citou em seu livro *A arte da criatividade* diversos traços de personalidade que os inovadores têm em comum.

Leia os traços apresentados no quadro abaixo e reflita sobre cada um deles, identificando quais você considera como suas características marcantes, quais você possui, mas precisa aprimorar e quais precisa adquirir. Pode ser interessante utilizar um caderno para fazer anotações.

Buscar o aperfeiçoamento: a frase do espanhol Pablo de Sarasate, um dos maiores violinistas da história, retrata bem esse traço: "Um gênio! Por trinta e sete anos eu ensaiei quatorze horas por dia e agora me chamam de gênio". Investir tempo em aprimoramento é um dos segredos do sucesso e dos grandes inovadores.

Ser observador: aproveitar a natureza e o seu entorno para buscar inspirações. O engenheiro eletrônico suíço Georges de Mestral, quando andava pelo campo, percebeu que carrapichos grudavam em sua roupa. Ao imitar os pequenos ganchos inventou o velcro.

Ser otimista: um dos fatores que diferem os bem dos malsucedidos é a sua capacidade de lidar com as derrotas. Todos passam por decepções e momentos de tristeza. Algumas pessoas, ao se depararem com adversidades, abandonam suas ideias e projetos. O inovador passa pela mesma sensação, mas recupera-se em um tempo menor e volta a trabalhar.

Ser competitivo: dentro da normalidade, a competição pode energizar e motivar as pessoas. Um exemplo conhecido foi a rivalidade entre Steve Jobs, que defendia o design em primeiro lugar, e Bill Gates, que era tecnicista. As competições esportivas também são exemplos que motivam os envolvidos.

Possuir autoconhecimento: quem identifica suas qualidades pode intensificá-las e quem reconhece suas fraquezas tem maior chance de minimizá-las.

Ser imparcial: nós passamos o dia todo julgando algo ou alguém. A partir do momento que você categoriza alguma coisa com a sua percepção, todas as alternativas serão esquecidas.

Ter senso de curiosidade: certas pessoas são relativamente reticentes e outras mais abertas ao incomum. Estas últimas demonstram curiosidade no que diz respeito ao mundo exterior e ao mundo interior. Vivem as situações novas sem muita ansiedade.

Tomar riscos calculados: a maioria das pessoas tem aversão ao risco. Parece de fato que as crianças aprendem, pouco a pouco, a evitar os riscos na escola a fim de obter os melhores resultados.

AQUECIMENTO	DRAMATIZAÇÃO	COMENTÁRIOS	PROCESSA-MENTO
A dança desenvolve coordenação motora, agilidade, ritmo, percepção espacial e fortalece a musculatura. Também melhora a autoestima, as relações interpessoais, reduz os bloqueios psicológicos, melhora a concentração, a sensibilidade e a motivação; fatores importantes para potencializar a criatividade. Esta atividade possibilita: sair da zona de conforto; passar por novas experiências; correr riscos calculados; adaptar-se ao novo; resolver problemas; estimular a intuição e a imaginação; trabalhar em equipe.	1 – Para realizar a atividade, é necessário possuir algumas folhas de jornal. 2 – O diretor escolhe um corpo de jurados e divide os participantes em times. 3 – Cada time escolherá um ou mais representantes para a atividade sem saber qual tarefa terá que realizar. 4 – Cada representante deverá dançar em cima de uma folha de jornal um ritmo de música agitada como Twist ou Rock and Roll incentivado pelos demais. 5 – Vence quem conseguir realizar a tarefa de forma mais criativa sem rasgar ou rasgando menos a folha de jornal. 6 – Fazer a mesma atividade com os demais participantes.	Abrir uma roda para comentar as sensações e respostas.	Quais ações simples e concretas os professores podem utilizar em sala de aula para criar um ambiente que estimule a criatividade? Exemplo: acrescente às respostas "corretas" perguntas complementares que testam a confiabilidade, desafiam os alunos e ampliam o conhecimento.

2ª fase: **Identificação do EU e do OUTRO**

Tema: Dança dos famosos – as competências de descoberta e o pensamento heurístico

---

PREAQUECIMENTO

Graham Wallas, educador, psicólogo e fundador da Escola de Economia de Londres, dividiu os processos criativos em etapas. Com base nesses estudos, outros pesquisadores criaram novas propostas do funil da inovação.

- **Identificar o problema**: desafio de buscar soluções para uma necessidade ou aprimorar um feito já realizado. É comum não saber exatamente qual problema deve ser resolvido. Apenas identificá-lo, muitas vezes, já é a solução.

John Dewey, filósofo e pedagogo norte-americano, afirma que um problema bem definido já está 50% resolvido. A primeira definição do problema raramente expressa a verdadeira questão. É preciso reescrevê-la pelo menos cinco vezes partindo de diferentes pontos de vista, opiniões e novas possibilidades.

- **Preparar**: fase da pesquisa. É a análise preliminar a fim de definir o problema. Requer um trabalho consciente e demanda capacidade analítica e conhecimento sobre o tema. Para facilitar o momento, pode-se utilizar estratégias como a análise SWOT.

- **Observar**: Eric von Hippel, economista e professor do Instituto de Tecnologia de Massachusetts (MIT), após muitos estudos sobre o processo de inovação, concluiu que 70% das novidades e evoluções de produtos vêm de ideias ou aplicações de usuários. Por isso, a escola não deve se esquecer de realizar pesquisas com seus clientes.

- **Buscar e organizar as soluções**: existem várias estratégias para auxiliar na resolução de problemas:

Representação visual: a visualização do pensamento é útil à produção do processo criativo, porque as imagens são facilmente alteráveis, podendo representar os múltiplos aspectos de um problema.

Comparação seletiva e associação: é a capacidade de observar as semelhanças entre as diferentes áreas, clareando o problema. Por exemplo, Graham Bell concebeu o telefone formando uma analogia com a orelha humana, e Leonardo da Vinci dizia que as manchas nos muros úmidos lhe serviam de inspiração, pois nelas via paisagens, pessoas e batalhas.

Arthur Koestler, renomado jornalista húngaro, considera a criatividade uma fusão de duas ou várias ideias que aparentemente não possuem relação.

Brainstorming: como já mencionado, visa encorajar as pessoas a utilizar o pensamento divergente e assumir riscos na investigação de novas ideias.

Incubação: não se deve agir com precipitação, as ideias podem nascer ou mudar depois de um tempo. Dê um intervalo para que o inconsciente possa assimilar as novas propostas, realizar suas conexões e dar suas sugestões. Muitas ideias nasceram em situações pouco prováveis, como durante o banho e em passeios.

Iluminação/Insight: é quando a ideia interessante se torna consciente.

LEITURA

É perceptível o interesse das escolas em se adaptar cada vez mais à Base Nacional Comum Curricular, porém, muitas vezes, deparam-se com paradigmas enraizados.

Algumas escolas ainda tendem a supervalorizar a memorização, as regras escolares prefixadas, os pensamentos convergentes e enxergam a criatividade como uma característica puramente heurística*. Na verdade, um processo criativo completo necessita de um embasamento teórico, capacidade de execução e também de imaginação e intuição.

É perceptível o interesse das escolas em se adaptar cada vez mais à Base Nacional Comum Curricular, porém, muitas vezes, deparam-se com paradigmas enraizados.

Algumas escolas ainda tendem a supervalorizar a memorização, as regras escolares prefixadas, os pensamentos convergentes e enxergam a criatividade como uma característica puramente heurística*. Na verdade, um processo criativo completo necessita de um embasamento teórico, capacidade de execução e também de imaginação e intuição.

Heurísticas são processos cognitivos empregados em decisões não racionais, sendo definidos como estratégias que ignoram parte da informação com o objetivo de tornar a escolha mais fácil e rápida. Ellis Paul Torrance, professor de psicologia educacional das Universidades de Minnesota e Geórgia, foi um dos principais estudiosos que avaliou os efeitos da escola no desenvolvimento criativo dos alunos. Por meio das suas inúmeras pesquisas e testes, constatou que ao longo da infância e da adolescência os indivíduos sofrem de reduções temporárias de criatividade, devido, principalmente, aos efeitos ambientais.

Torrance e outros estudiosos concluíram que, ao longo da vida, os alunos são estimulados a se conformar com as diversas regras sociais, reprimindo a originalidade.

O psicólogo educacional norte-americano Joseph Renzulli, curador da Universidade de Connecticut, defende a tese de que é fundamental a integração conjunta das estruturas primordiais do contexto educacional para propiciar a expansão da criatividade na escola.

* Pensamento heurístico são estratégias mentais que ignoram as informações objetivas e se baseiam na intuição e imaginação. Heurístico (palavra derivada de heurisko, do grego, que significa "eu descubro", como na famosa exclamação de Arquimedes "Eureka!", no episódio da descoberta de como medir o volume de um objeto irregular utilizando água.

AQUECIMENTO	DRAMATIZAÇÃO	COMENTÁRIOS	PROCESSA-MENTO
A intuição e adaptabilidade são ingredientes importantes para a produção criativa. O currículo escolar deve possuir, além da estrutura, con-	1 – O diretor mantém o mesmo corpo de jurados e os times. 2 – Cada time deve escolher dois novos participantes,		

AQUECIMENTO	DRAMATIZAÇÃO	COMENTÁRIOS	PROCESSA-MENTO
teúdo e metodologia, apelo A intuição e adaptabilidade são ingredientes importantes para a produção criativa. O currículo escolar deve possuir, além da estrutura, conteúdo e metodologia, apelo ao imaginário e à originalidade. Para isso, o professor precisa: estar aberto a novas experiências; ter confiança em si próprio; permitir ao aluno ter pontos de vista diferentes do seu; não rechaçar os erros, mas torná-los pontos positivos no processo de aprendizagem.	sem repetir as pessoas. 3 – A atividade é um concurso que alterna sem interrupção diferentes ritmos de dança. Os participantes necessitam de adaptabilidade para se adequar rapidamente às mudanças de ritmos e uma grande dose de criatividade para encantar os jurados. 4 – O time pode identificar e verbalizar em voz alta o nome de cada ritmo para auxiliar os dançarinos. 5 – Vence a dupla que obter, segundo os jurados, as melhores performances nos variados ritmos, como, por exemplo, samba, discoteca, ballet, valsa e forró.	Abrir uma roda para comentar as sensações e respostas.	Tradicionalmente, avaliamos apenas a capacidade de dominar os conceitos, de memorizá-los e expressá-los. A organização do currículo apresentado pela BNCC coloca o aluno como protagonista do processo educativo e enfatiza competências antes colocadas em segundo plano. Diante deste cenário, como avaliar a competência criativa do aluno?

3ª fase: **Identificação do EU e DO GRUPO**

Tema: Coreografias de festas – capacidade de execução

A última incumbência é conseguir colocar as ideias em prática e alcançar os resultados esperados. É aconselhável dividir o projeto em etapas menores com o objetivo de auxiliar na sistematização do contexto.

1. **Planejamento**: é a estruturação do modelo analítico por meio da criação de um documento com as informações detalhadas.

   Objetivo: reafirmar os principais objetivos do projeto.

   Cronograma: criar um calendário com previsão de início e término de cada etapa e as ações envolvidas.

   Responsáveis: dividir das tarefas para cada encarregado.

   Materiais: ferramentas, equipamentos e materiais que serão utilizados.

   Custos: quais investimentos serão envolvidos e onde serão captados.

2. **Execução e acompanhamento**: durante todo o projeto é importante que os interessados acompanhem o progresso e o cumprimento das tarefas nas datas previstas. Presenciar a evolução de cada etapa permite que os erros sejam sanados rapidamente e que o time possa criar uma rotina de entrega com foco em resultados.

   Monitoramento: reuniões periódicas de *checklist* com o objetivo de propiciar *feedbacks* e assegurar que as tarefas estejam de acordo com o planejamento.

   Supervisão: principalmente no início do projeto, os líderes devem disponibilizar um tempo extra para acompanhar de perto a execução das principais tarefas.

3. **Mensuração:** por meio de análise de dados concretos, verificar se os resultados das ações correspondem às expectativas.

4. **Teste:** utilizar um grupo reduzido para testar o projeto antes de apresentá-lo para o público final, a fim de verificar seu desempenho na prática.

4 **Validação:** colocar em prática e criar um documento que valide o encerramento do projeto e a entrega de todo o escopo.

AQUECIMENTO	DRAMATIZAÇÃO	COMENTÁRIOS	PROCESSAMENTO
Conhecer teorias e criar novas propostas é o princípio da transformação. O desafio é colocá-las em prática e torná-las reais, para que seus resultados estimulem o desenvolvimento de cada indivíduo e da coletividade.	1 - Todos os participantes participarão da atividade. 2 - O diretor apresentará quatro opções de ritmos famosos pelo sucesso de suas coreografias em festas de aniversários, empresas e formaturas. 3 - Cada time escolhe uma das músicas. 4 - O diretor apresentará um vídeo com a coreografia original uma única vez. 5 - O time terá 10 minutos para ensaiar os movimentos da música escolhida e repetir as coreografias. Deverá resolver essa situação-problema por meio do diálogo, experimentação e ensaio. 6 - Vence o time que apresentar o melhor desempenho segundo os critérios: participação, execução e motivação.	Abrir uma roda para comentar as sensações e respostas.	Como trabalhar em equipe e tornar o ensino multidisciplinar uma realidade?

SUSTENTABILIDADE FINANCEIRA DAS INSTITUIÇÕES DE ENSINO:

A criatividade é o caminho

Incentivar a criatividade é fundamental para que o aluno pense fora de repartições limitadas e explore todo o seu potencial para aprimorar e propor novas ideias que contribuam para a melhora da sua vida e de todos ao seu redor.

A herança que as escolas receberão do período de pandemia será que o uso da tecnologia deve sair da teoria e ser colocado em prática, que a criatividade é um fator prioritário para alcançar as melhores soluções, que os pais compreenderam melhor o papel da escola e, consequentemente, valorizaram-na mais, que a empatia está em alta e que as lições de gestão que possibilitaram a implantação do *home office* e do ensino híbrido deverão ser utilizadas daqui para frente.

CAPÍTULO 4

Tecnologia e educação:
aliadas para uma aprendizagem significativa

Wagner Sanchez[16]
Claudia Christ[17]

A educação formal que experienciamos atualmente teve início com a Revolução Industrial que aconteceu na segunda metade do século XVIII e início do século XIX, ou seja, se formos otimistas podemos considerar que o modelo atual foi desenhado a partir de 1850.

Nessa época, iniciou-se um processo de transformação mundial na sociedade, que começou na Inglaterra e se espalhou rapidamente pelo mundo.

O modo de pensar das pessoas e de todas as sociedades sofreu uma disrupção, e as organizações tiveram que se reinventar

---

[16] **Wagner Sanchez** é entusiasta e otimista em relação à transformação digital da educação. Doutor e mestre em Engenharia Biomédica, especialista em Inteligência Artificial, psicopedagogo pela PUC, pós-graduado em Engenharia de Software, bacharel em Análise de Sistemas. Tem formação no Entrepreneurship Program, na Babson College, é autor e coautor de mais de 8 livros nas áreas de inovação, gestão, tecnologia e educação. Acumula mais de 25 anos de experiência em docência e consultoria nas áreas de tecnologia, inovação e educação. Atualmente, é pró-reitor acadêmico, professor e pesquisador do Centro Universitário FIAP.

[17] **Claudia Christ** é pedagoga e psicopedagoga, tem mais de 25 anos de experiência na educação, passando por coordenações e direções de importantes colégios de São Paulo. Hoje atua como consultora educacional e autora de importantes publicações voltadas à transformação da educação.

totalmente com a chegada do capitalismo e da automatização nos processos.

Os trabalhos artesanais tiveram que ceder em detrimento do lucro a qualquer custo. Alguns chegam até a dizer que a Revolução Industrial causou um grande estrago à humanidade, separando a arte do trabalho, e que hoje estamos tentando juntá-los novamente. Pode até ser, quem sabe?

Mas, voltando ao nosso contexto, rapidamente os modelos pré-Revolução Industrial foram desaparecendo, dando espaço a outros alinhados às evoluções da época, inclusive a escola, que se transformou por completo.

Até antes da Revolução Industrial o modelo escolar era baseado em pequenos grupos, *mix* de idades, nenhuma sistematização educacional e conteúdos finitos. Mais tarde, com as transformações sociais dos séculos XVIII e XIX, criou-se uma escola sistematizada, padronizada, com uniformidade de idades e conteúdo, enfim, a escola que conhecemos hoje.

Passados mais de 200 anos, poucas mudanças ocorreram nas formas de ensinar e aprender. Criaram-se espaços alternativos, metodologias ativas de aprendizagem, implementou-se o conceito *maker*, incorporou-se uma pitada de gamificação ao dia a dia acadêmico, foi-se aos poucos dando mais voz aos alunos, porém, ainda são seguidas algumas premissas da escola pós-Revolução Industrial.

Tais premissas acabaram entrando nos sistemas educacionais oficiais e estagnando as transformações que deveriam ocorrer com as evoluções sociais que estamos vivenciando principalmente nos últimos anos.

Impulsionando as transformações em nossa sociedade vem a tecnologia, que evolui exponencialmente, trazendo novas oportunidades para todas as áreas do conhecimento. A própria indústria automobilística já se reinventou completamente desde Henry Ford; as telecomunicações já se afastaram completamente do telégrafo; na medicina, o hospital deixou de ser um local de separação e exclusão dos menos beneficiados para se tornar um local para a cura; os foguetes hoje já dão marcha à ré, entre outras tantas transformações.

Votando o olhar à escola, nota-se que a tecnologia não é vista ainda pela maioria como uma grande aliada no processo ensino-aprendizagem. Os jovens clamam por uma mudança de paradigma, e é dever de todos fazer uma análise profunda e significativa de como é possível transformar a escola em um espaço onde crianças e jovens desejam estar com satisfação. A escola precisa ensinar para a vida!

É possível mudar

É mudar ou desaparecer! Não podemos deixar que as escolas se transformem em locais onde crianças e jovens sejam depositados para passarem o tempo, ou melhor, para gastarem o tempo. Para muitos alunos, a escola acaba se tornando apenas o ambiente social que gostam de frequentar para ver os amigos.

A escola como um todo precisa se reinventar para proporcionar aos alunos momentos de entretenimento e, por consequência, muito aprendizado, para que sejam felizes, respeitando os valores, as características e a cultura de cada sociedade.

O Brasil é continental, rico em diversidade, formado por pessoas que têm expectativas e objetivos diferentes, com vivências variadas. Por isso, proporcionar experiências padronizadas para um país inteiro como o nosso pode não funcionar para todos.

É preciso levar em consideração cada especificidade, mas é obvio que a padronização é mais fácil, economiza trabalho e custo, mas não é o mais indicado na educação. Isso sem falar sobre políticas públicas que impossibilitam um processo mais eficiente.

Daí a importância da mudança e também da disrupção. É preciso que todos nós nos desvencilhemos das amarras da educação tradicional, aquela que nos atendeu de forma eficiente, aquela a que nossos pais tiveram acesso, que funcionava até certo ponto, mas que hoje não traz bons resultados para as gerações atuais.

No entanto, para que essa disrupção seja implementada nas escolas, é essencial que todos nós – educadores, gestores escolares, pais e familiares – estejamos cientes de que o primeiro passo é a mudança de nossa mentalidade, o tão conhecido *mindset*.

O *mindset* está relacionado a uma predisposição psicológica que um indivíduo ou grupo possui para determinados padrões de comportamento ou pensamento. Ele pode indicar como nações inteiras pensam a respeito de determinados assuntos, está intimamente ligado à ideologia das pessoas.

O *mindset* é programado ao longo das experiências de vida. Ele é formado por aquilo que ouvimos dos nossos pais, familiares próximos e professores que admiramos, pelas músicas que curtimos, pelos temas dos filmes que adoramos, ou seja, o *mindset* é a programação mental desenvolvida ao longo da vida.

E como mudar a nossa programação mental?

Basta querer. É necessário encarar a educação como algo que pode ser mudado, reinventado, prototipado, experimentado, reavaliado, reaplicado, como qualquer outra experiência em nossa vida.

Por exemplo, quando algo não vai bem com a nossa saúde, damos oportunidade a um novo tratamento, a uma dieta diferente, a uma medicação com a qual não estamos habituados, mas que pode dar muito certo. Na educação o conceito é o mesmo. É óbvio que tudo precisa ser planejado, testado, fundamentado, mas, a partir do momento que educadores competentes propõem novos modelos, toda a comunidade escolar, os pais e os familiares devem apoiá-los e participar, dando a eles *feedback* para que ocorra a evolução, e não a extinção de novas ideias educacionais.

Por parte dos educadores, é extremamente importante a atualização de suas competências e habilidades. Na área acadêmica, é essencial desenvolver o hábito de aprender a aprender sempre, para que seja possível, dessa forma, propor modelos alinhados às expectativas das gerações atuais.

E, para completar as implementações de mudanças, é imprescindível que os pais estejam alinhados com as novas perspectivas pedagógicas e com as tecnologias disponíveis para que possam apoiar, contribuir e incentivar as iniciativas inovadoras que possam surgir das escolas, lembrando sempre que a tecnologia deve ser uma ferramenta aliada e impulsionadora das disrupções.

Uma parcela significativa de professores e pais acredita que é impossível mudar o modelo escolar. Isso porque, muitas vezes, os próprios pais não estão abertos a mudanças, outras vezes os professores é que são contra e, em outras, são os gestores que não querem investir em transformações. E o mais curioso e assustador é que nunca são os alunos que não desejam as mudanças.

Curioso e assustador porque os alunos são os atores mais importantes desse cenário. Se eles estão dispostos a aprender de outras formas, cabe a todos nós incentivarmos e proporcionarmos novas experiências de aprendizado para eles. Imagine o quão difícil seria se os alunos não quisessem as mudanças. Seria como um paciente que não aceita trocar o remédio ou o tratamento por outro mais eficaz.

A mudança é urgente, e costumamos dizer que é mudar ou desaparecer! Os novos formatos de aprendizado estão surgindo e fazendo com que a escola perca seu importante papel de tantas gerações. O momento agora não é de desespero, e sim de oportunidade. Nós todos, pais, familiares, educadores, gestores, podemos provar a importância da escola, mas uma escola significativa, divertida, eficiente, que de fato forme cidadãos capazes de criar uma sociedade melhor.

A tão sonhada transformação digital

A oportunidade de transformação nas escolas está na já tão comentada transformação digital, a que muitos segmentos da sociedade já aderiram ou foram obrigados a aderir. A transformação digital está transformando as organizações de forma significativa e definitiva. Os modelos tradicionais não estão suportando os negócios, é urgente a necessidade de uma reinvenção das formas de consumo, do relacionamento com o cliente, da entrega de produtos e serviços, dos formatos de produção, enfim, tudo está sendo reinventado.

Para atender a esses anseios dos consumidores por entregas mais ágeis e digitais, surgiram as já conhecidas *startups*, que são pequenas empresas criadas por um grupo de pessoas que se unem com o objetivo de atenderem a alguma demanda específica do mercado. São baseadas em modelos de negócios enxutos, com pouco investimento inicial, cujas entregas podem ser escaláveis e repetitivas, ou seja, mesmo que as vendas aumentem, o custo operacional permanece baixo.

Depois que essas pequenas empresas começam a dar resultados financeiros e ganhar audiência, receberam aportes de investidores e se tornam grandes empresas, como foi o caso das *startups* Netflix, Nubank, Airbnb, LinkedIn, iFood, Uber, SpaceX, Spotify, Easy Taxi, entre outras.

Não é à toa que as *startups* com bases tecnológicas invadiram o mercado de forma exponencial. Elas entraram em nossas vidas, e nós não sentimos falta nenhuma dos antigos modelos. Costumamos perguntar às pessoas: quem tem saudades de mandar SMS e ainda pagar por esse serviço?

Tente perguntar a um jovem em que dia e horário passa seu programa preferido na TV. E mais, quem tem saudades dos modelos tradicionais e custosos da maioria dos táxis das grandes capitais antes dos serviços por aplicativo? Ter que ir até a calçada e ficar esperando um passar? Hoje é quase impensável agir assim nas grandes capitais mundiais.

Todos, como consumidores, aderem rapidamente a esses novos modelos de negócios que utilizaram a tecnologia como meio para entregar experiências mais eficientes e com menos custos.

E a escola?

Empresas como a Amazon Prime e a Loggi, além das já citadas anteriormente e de muitas outras, trouxeram ao mercado soluções nunca antes imaginadas, surgidas de ideias disruptivas suportadas pelo avanço tecnológico.

No universo do empreendedorismo, as *startups* avaliadas em mais de 1 bilhão de dólares são chamadas de Unicórnios. Pesquisas apontam que o clube dos Unicórnios já tem mais de 470 empresas no mundo, que juntas valem em torno de US$ 1,1 trilhão e que receberam aproximadamente US$ 273 bilhões em investimentos nos últimos anos.[18]

E no clube dos Unicórnios não estão empresas como Apple, Google, Amazon e Microsoft, que já se tornaram "antigas", nem tampouco as tradicionais e mais antigas, como Coca-Cola, Samsung, Toyota, Mercedes-Benz, McDonald's e Disney.

Ao comparar modelos de negócio pautados nas tecnologias exponenciais a modelos de negócios tradicionais, fica visível a urgência da transformação digital. Para exemplificar, podemos fazer um comparativo entre a Airbnb, que, com um pouco mais de 12 anos, tem 3,1 milhões de quartos e um valor de mercado de aproximadamente US$ 30 bilhões, e a rede de hotéis Marriott, que, com mais de 90 anos de existência, conta com 1,1 milhão de quartos e possui um valor de mercado de 17,8 bilhões, ou seja, quase metade da Airbnb.[19]

Além desses números, outro ponto a considerar é que, se ambas decidissem em uma reunião de diretoria dobrar o seu faturamento em um curto prazo de tempo, qual delas teria mais dificuldades em alcançar a meta? Qual delas teria mais chances de vencer o desafio? E qual precisaria de mais investimentos?

É fácil imaginar a resposta. A empresa com o modelo tradicional de negócio teria mais dificuldades que a empresa com modelos digitais. Com essa comparação fica simples compreender como os modelos digitais de negócio são mais ágeis e competitivos no mercado atual. Há muitos que dizem que todas as empresas tendem a morrer, e a transformação digital é a forma de buscar a regeneração dos negócios.

Porém, vale ressaltar que estamos atravessando um momento delicado para ambos os modelos, que estão sofrendo economicamente. A crise provocada pela pandemia da Covid-19 está sendo implacável até com negócios que possuem modelos digitais.

---

[18] CBINSIGHTS. *The Global Unicorn Club*. Disponível em: https://livro.pro/rk9uym. Acesso em: 15 jul. 2020.

[19] *Idem.*

Voltando ao universo escolar, é evidente que tentar preservar os atuais modelos é inútil, os jovens buscam novas experiências acadêmicas que privilegiam conceitos significativos e eficientes.

Fato é que o mercado das chamadas *edtechs*, *startups* com base tecnológica para a área da educação, está crescendo fortemente, entregando soluções que as instituições de ensino não conseguem desenvolver internamente, em especial pelo modelo ultrapassado de negócio.

As *edtechs* vão substituir as escolas?

Essa é uma pergunta que ouvimos constantemente entre alunos, professores, pais, familiares e gestores. Porém, ainda não há resposta. O que podemos afirmar é que as *edtechs* estão ajudando a transformar o modelo escolar.

Com a agilidade que lhe é peculiar, essas *startups* conseguem levar para as instituições de ensino soluções tecnológicas com rapidez e eficiência, transformando a experiência do aluno em suas aulas.

As soluções vão desde a identificação biométrica, substituindo as tradicionais chamadas, o reconhecimento facial, para aferir a qualidade da aula em tempo real, até os *chatbots* cognitivos para responder a perguntas corriqueiras dos alunos. *Chatbots* são robôs digitais que atendem ligações telefônicas e respondem a mensagens de texto, por exemplo.

A pandemia da Covid-19 impulsionou a adoção de tecnologias digitais pelas escolas e a busca por *edtechs* que pudessem suprir as necessidades a curto prazo, principalmente em relação a ambientes virtuais de aprendizagem com videoconferências. Esse movimento esteve presente em escolas para todas as faixas etárias, desde a Educação Infantil até o Ensino Superior.

A *startup* de estudos na área educacional Future Education realizou uma pesquisa com 120 gestores de instituições particulares de ensino no período de 25 de março a 17 de abril de 2020, início da pandemia no Brasil. A pesquisa apontou que o setor terá um grande impacto econômico negativo, no entanto, a perspectiva a médio e longo prazo é de melhora e, principalmente, de evolução.[20]

Todos nós, pais, familiares, alunos e educadores, estamos ressignificando os nossos conceitos acadêmicos. Estamos vivenciando que determinados conteúdos, para serem absorvidos, podem ser transmitidos remotamente, alguns são mais palatáveis com vídeos, e outros, ainda, precisam ser transmitidos de modo presencial, ou seja, este *mix* de modelos previamente planejados pode ser o grande futuro da educação.

É possível perceber que muitas escolas já tocavam, algumas levemente, outras com mais profundidade, em um ensino remoto. O que a pandemia fez foi acelerar esse mergulho com muito aprendizado, mas também com dissabores por conta da imposição da Covid-19.

Acreditamos que esse movimento em direção às tecnologias digitais pela maioria das escolas poderia demorar ainda cerca de dois a quatro anos dependendo da região, porte da escola e *mindset* dos gestores, e o que a pandemia fez foi encurtar esse espaço de tempo para um mês ou, em alguns casos, para uma semana.

Nesse contexto, surgem novamente as oportunidades para as *edtechs*, que estão surfando em um ambiente desconhecido pela maioria das escolas, entregando tecnologia e segurança digital aos ambientes escolares.

Vale ressaltar que os principais investidores e impulsionadores das *edtechs* nos últimos anos foram os grandes grupos educacionais, editoras e sistemas de ensino, que perceberam a obsolescência dos modelos educacionais e começaram a investir em *startups* para atendê-los.

Essa junção das *edtechs* com as escolas é bastante promissora, pois como a maioria das *startups* não possui grandes recursos,

---

[20] FUTURE EDUCATION. *Mercado de EdTech*. Disponível em: https://livro.pro/4dhzqy. Acesso em: 15 jul. 2020.

principalmente de divulgação, pode utilizar os canais já estabelecidos pelos grandes grupos.

Acreditamos que a solução da reformulação da educação em nosso país não esteja pautada somente nas *edtechs*, e sim na junção entre a sabedoria adquirida ao longo dos anos pelas instituições de ensino e a agilidade e a ousadia das *startups*, que não têm receio de inovar.

Assim, cabe aos educadores e gestores escolares fazerem as devidas análises, julgamentos, experimentações, auditorias acadêmicas para só depois disponibilizarem aos estudantes.

Inovar ou desaparecer

Inovar ou desaparecer pode parecer uma expressão radical, mas no atual contexto educacional ela é totalmente factível. Em diversos países, a escola tradicional e formal já está sendo substituída por outros formatos de educação. O hábito de inovar deve ser incorporado rapidamente ao DNA das escolas para que sobrevivam nesse ambiente tão volátil e de novas experiências que estamos vivenciando.

As revoluções industriais levaram várias décadas para se espalhar, mas as inovações disruptivas que presenciamos atualmente invadem o cotidiano de todos de forma rápida, silenciosa e transformadora. Os modelos matemáticos que descrevem a velocidade das mudanças não são mais lineares, mas sim exponenciais.

É essencial que as instituições de ensino estejam atentas ao fato de que o acompanhamento das mudanças que ocorrem no dia a dia dos alunos precisa ser feito em tempo real. Caso contrário, a escola se descola do ambiente em que vivemos. As atuais gerações de alunos têm, como pré-requisito, atitudes questionadoras que gerações anteriores não tinham, muito provavelmente devido à disponibilidade de informações gratuitas e de fácil acesso.

O mundo do século XXI apresenta diferenças fundamentais em relação a todos os 20 séculos anteriores. Nosso ritmo de evolução tecnológica tornou viável o desenvolvimento quase imediato de soluções que atendem às mais diferentes necessidades da sociedade moderna.

Outra unanimidade para o surgimento das inovações organizacionais, e por que não nas escolas, é a utilização do *design thinking* como metodologia para solucionar problemas e para decretar o fim das velhas ideias. Segundo os *designers*, para se conceber um produto, uma ideia ou um projeto são necessários pensamento criativo estimulado, inspiração, liberdade de expressão, comunicação e, o mais importante, experimentação.

Um conjunto de características inovadoras deu origem ao *design thinking*, que pode ser entendido como o modo de pensar dos *designers*, como uma liberdade de expressão que impulsiona novas ideias e que dá origem a novos protótipos, como um "lugar" onde a criatividade vem à tona e ajuda a encontrar respostas para desafios corporativos.

Neste momento tão complicado para as escolas, a inovação e a criatividade são praticamente obrigatórias para todas as instituições de ensino, pois a aplicação desse modelo de pensar está se tornando usual, sendo um dos principais diferenciais de mercado, já que parte da premissa de que o aluno é o foco principal.

Inovação não significa impressionar o aluno e sua família apenas com determinado produto ou serviço, mas com o conceito deles, com a experiência que eles proporcionam. Os valores e o significado do resultado final são o que fazem valer a pena.

Além disso, os modelos inovadores que são baseados no *design thinking* são colaborativos e tornam os processos mais ágeis, já que as colisões de ideias proporcionam ideias ainda melhores, especialmente quando a equipe é multidisciplinar, pois o resultado se torna mais surpreendente.

Design thinking é a busca por conclusões que facilitem o processo de solucionar problemas, e isso pode ser aplicado não somente em negócios, mas em qualquer campo. Por exemplo, encontrar novas soluções para problemas da humanidade, como fontes energéticas, água potável, fome, entre outros.

É fundamental e urgente que as escolas estejam completamente conectadas às inovações, ditando tendências, antevendo as necessidades dos alunos e minimizando internamente a resistência às mudanças, tão presente no meio acadêmico.

Algumas posturas da equipe de professores, de gestão e, inclusive, de pais e familiares que dificultam as mudanças são comuns dentro das escolas:

Paradigmas: as velhas ideias precisam ser abandonadas para que as inovações possam ser inseridas no dia a dia escolar. Todos precisam ser inspirados a aceitar as inovações de forma plena e sincera; caso contrário, as transformações serão abortadas rapidamente.

Dificuldades imaginárias: é comum que se criem dificuldades imaginárias, ou seja, obstáculos que, na verdade, não existem, mas que, pelo medo do desconhecido, são desenvolvidos no imaginário das pessoas, que os difundem no grupo. Caso isso não seja minimizado, os projetos de inovação tendem a ser engolidos pelo sentimento de medo.

Conformismo: essa patologia ataca e se instala nas equipes acadêmicas, ocasionando a famosa "preguiça mental" e a apatia nos colaboradores, que consideram que tudo que é novo não é bom ou é impossível de se implementar.

Medo erode errar: esse tipo de medo se apresenta no psiquismo das pessoas como um sinal contra um suposto perigo, que, normalmente, ocorre em função do novo. Trata-se de uma sensação desagradável, que é acompanhada de reações psicológicas, cognitivas e comportamentais. Os principais medos no ambiente escolar estão relacionados com os processos de inovação dentro das escolas, valendo destacar os mais importantes:

- medo de críticas negativas: pode surgir quando o colaborador, aluno ou pai decidem ir por um caminho inédito ou tomar decisões arriscadas;
- medo do sucesso: existem alguns casos em que equipes e principalmente professores temem ser bem-sucedidos, pois isso pode resultar em inveja, isolamento e ansiedade, bem

como no surgimento de expectativas exageradas quanto ao futuro;

- **medo de novo conhecimento:** muito semelhante ao medo do sucesso, traz consigo, para algumas pessoas, o medo do isolamento;
- **medo de mudança:** relacionado ao medo do desconhecido, trata da resistência a mudanças, pelo apego ao que já está estabelecido, traz consigo o medo de perder algo;
- **medo de falar:** sem se expressar não é possível promover a inovação, e o medo de se expor em público é bastante intenso, principalmente dentro das equipes de alunos.

Excesso de racionalidade: em algumas pessoas, observa-se um excesso de lógica e de comprovações de hipóteses impossíveis de se apresentar para que os processos de inovação sejam iniciados. Muitas vezes, não se consegue a prova racional de que algo novo irá trazer benefícios e, com esses impasses e intermináveis reuniões, as inovações deixam de ser inovações pelo excesso de tempo gasto com processos burocráticos. Quando são finalmente implementadas, fazem parte do senso comum do ecossistema educacional em que a escola está inserida em vez de ser, de fato, uma inovação.

Nesse sentido, as instituições de ensino devem investir na atenção às pessoas que fazem parte do dia a dia, para que elas possam responder à altura nos momentos em que forem exigidas, principalmente nas transformações acadêmicas.

Desenvolver e manter profissionais da área acadêmica engajados e comprometidos, com foco no alcance dos objetivos escolares, elaborando metas inteligentes, dando *feedbacks* constantes, investindo no bem-estar dos alunos, delegando de forma eficiente as tarefas e elaborando recompensas criativas, é fundamental para se conseguir êxito nas inovações e eliminar as resistências.

Para mudanças mais profundas, é preciso interferir nos modelos mentais das pessoas, que, por sua vez, irão interferir nos "modelos mentais" das escolas. Podemos afirmar que primeiro as pessoas precisam mudar seu *mindset* para que as escolas comecem a traçar novos caminhos e a experimentar sucessos e também fracassos.

Na medida em que a sociedade se transforma, as escolas têm que acompanhar as mudanças e se adaptarem a elas, de modo a atender aos novos anseios sociais. Essa fórmula não é nova, mas a velocidade com que as mudanças ocorrem se acelerou significativamente com a chegada da quarta Revolução Industrial, que tem imposto transformações no cotidiano das pessoas em um ritmo que poderíamos considerar frenético.

Para conseguir diferenciar entre as novidades o que é apenas modismo e o que é realmente capaz de revolucionar velhas práticas, é preciso ser ágil e assertivo.

O ritmo das mudanças é tão veloz que a capacidade de se transformar se tornou uma vantagem competitiva para as escolas, ou seja, é hoje um diferencial para uma educação mais significativa, eficiente e prazerosa para os alunos.

A capacidade de mudança deve estar atrelada à capacidade de aprender e, nesse sentido, o aprendizado sobre as tendências que impactam os alunos e as famílias, a concorrência e os fornecedores, precisa ser rápido. Por isso, ouvir o *feedback* do ecossistema é muito importante para as escolas.

Vale ressaltar que transformações muito impactantes não ocorrem de forma harmônica. Ao contrário, as movimentações se alternam entre o caos e a ordem, nem sempre em um ritmo a contento de todos. Estamos vivendo uma intensidade de fusões e incorporações com uma fome imensa de sobrevivência, dentro de um universo altamente perverso e sem limites. No mundo acadêmico, isso não é diferente: desde as pequenas escolas restritas a um bairro até grandes grupos educacionais é sabido que é preciso se reinventar constantemente para sobreviver.

Mudar pode doer

A cultura de uma organização é o seu "DNA". A cultura determina a forma como tudo acontece dentro das escolas. Seria como mudar o curso de um grande navio. Leva-se tempo para que tripulação, vento, motores e leme se organizem para um novo caminho.

Em uma escola não é diferente. Tudo precisa ser realinhado, discutido e combinado para uma mudança cultural. Imagine então quando uma escola decide passar por uma transformação digital, como a que estamos presenciando atualmente: o processo é de longo prazo, lento e pode gerar riscos.

A cultura de uma organização reflete seus valores e suas crenças mais profundos. Tentar mudá-los pode colocar em xeque tudo que a empresa detém e construiu ao longo dos anos. A identidade de uma organização baseia-se em sua cultura, que por sua vez está profundamente ligada à sua história.

Imagine uma escola em que os valores e a cultura organizacional foram transmitidos de uma geração para outra e permanecem até hoje na organização. Atualmente, a escola está sendo gerida em conjunta pela segunda e pela terceira geração, sendo que a terceira está na direção da escola e as decisões mais importantes são tomadas pela segunda.

Percebeu a complexidade de se implementar uma mudança?

Mas, voltando ao universo acadêmico, o atual momento exige mudanças, mas muito aprendizado e novas crenças.

Novos conceitos

A pandemia da Covid-19 levantou diversas reflexões acadêmicas sobre conceitos que já eram discutidos, mas, na maioria das vezes, no campo da teoria. O que estamos presenciando é uma implementação de concepções importantes nesta nova educação que está sendo criada.

Agile learning

Significa aprendizado ágil, em tradução literal. E, de fato, crianças e jovens clamam por um aprendizado ágil, que faça sentido rapidamente, que a "história" termine logo para que eles possam utilizar imediatamente o que foi aprendido. Tudo isso para que um aprendizado significativo surja. Muito semelhante às séries que tanto fazem sucesso entre os alunos.

Então vem a pergunta: por que eu como professor não posso fatiar o meu conteúdo em capítulos menores nos quais o estudante veja rapidamente sua aplicação? Faz muito mais sentido do que propor um ensino que se baseia em uma aplicação em um futuro incerto.

Para as novas gerações, pequenas pílulas de conhecimento fazem muito mais sentido que enredos intermináveis. Eles necessitam que as aplicações reais do conhecimento sejam imediatas, só assim eles restabelecerão a conexão para novos aprendizados. Este processo é muito eficiente e gera recompensas para alunos e professores.

Na verdade, não há sentido em um ensino que prioriza a quantidade de conteúdos e de horas em que o aluno tem a "obrigação" de ficar sentado na sala de aula, mas sim em um ensino que prioriza o conhecimento, as habilidades, as competências absorvidas e até as atitudes que os alunos desenvolvem ao se depararem com novas situações-problema.

O *mindset* das novas gerações foi programado para lidar com espaços curtos de tempo quando se exige concentração. Isso acontece desde bebês, com os desenhos animados e historinhas que contamos, até os jovens, com os aplicativos de celular que fazem sucesso entre eles.

Para eles tudo precisa ser ágil e conciso, pois o *mindset* de crianças e jovens de hoje mostra que o histórico não é tão importante, que tudo deve ser rápido para dar lugar a outros acontecimentos.

Learn for real

Este conceito é o de que tudo que se deve aprender tem que ser com base na vida real, os conceitos precisam ter aplicação prática no cotidiano. O importante é aprender para a vida, para ser mais feliz, para aproveitar mais o tempo, para correr menos risco.

O aprendizado para a vida real faz toda a diferença para crianças e jovens. Ao relacionarem o que estão aprendendo com o real, a curiosidade é estimulada e a vontade de saber potencializa-se, pois percebem um conhecimento que poderá ter aplicação imediata e ajudá-los em suas vidas. Eles poderão trocar o aprendizado com colegas e até amigos de outras partes do mundo. Poder conhecer a sua realidade e a realidade de outras pessoas incentiva o aprendizado e a busca por conhecimento.

Learning to do

Na mesma linha do *learn for real*, este conceito é o de aprender para fazer. Implementar o aprendizado em algo concreto que possa se transformar em algo tangível o impulsiona e traz significado para o ato de aprender.

Dentro deste conceito está a cultura *maker*, que iremos explorar mais à frente, mas podemos adiantar que é um segmento da educação que faz muito mais sentido para as atuais gerações, que desejam ver rapidamente as ideias saírem do papel e se tornarem úteis.

Reflective learning

A aprendizagem reflexiva é o modelo de educação no qual o aluno reflete sobre suas experiências de aprendizagem. Inclusive, parte do pressuposto de que o processo de aprendizagem seja registrado para que as reflexões possam ser feitas durante e após as experiências.

Em suas reflexões, crianças e jovens podem avaliar de forma crítica e identificar áreas de sua aprendizagem que requerem maior empenho e, consequentemente, tornarem-se mais autônomos e independentes. A reflexão pode acontecer naturalmente ou ser incentivada pelo professor, que pode ajudá-los a refletir sobre o todo e sobre eles mesmos, impulsionando também o autoconhecimento.

As novas gerações têm naturalmente vontade de compreender o mundo, sua existência, os valores, as regras, o futuro, enfim, são mentes ávidas por reflexões de todos os tipos e tamanhos e, quando o professor traz este movimento para o aprendizado, consegue bons resultados de absorção de conhecimentos.

Learning with cause

Quer mais que uma causa para movimentar garotos, garotas, meninos e meninas? Causas justas e verdadeiras movimentam exércitos de pessoas, mais ainda quando falamos de jovens. O aprendizado baseado em uma causa nobre pode transformar alunos desinteressados em verdadeiros embaixadores do conhecimento.

Educadores e pais podem selecionar propósitos "do bem" para relacionar com o dia a dia acadêmico e familiar e, assim, conseguir o engajamento necessário para o aprendizado e, por que não, para um convívio familiar mais saudável.

Crianças e jovens têm uma grande energia acumulada, mas, muitas vezes, não sabem onde aplicar. Quando são direcionados e inspirados por uma causa, essa energia se transforma em um poder de engajamento que proporciona entregas antes inimagináveis. A criança e o jovem necessitam fazer parte do processo, precisam se sentir incluídos nos projetos, agir com protagonismo.

Assim, se o professor criar propósitos para os encontros com os alunos, perceberá a diferença no engajamento dos estudantes durante as aulas.

Adaptive learning

Tanto se fala na aprendizagem adaptativa, mas poucas iniciativas reais são observadas nas escolas, principalmente no Brasil. A aprendizagem adaptativa pode ser apoiada em tecnologia ou não. É obvio que a tecnologia irá viabilizar com muito mais eficiência um modelo adaptativo.

O grande objetivo da aprendizagem adaptativa é entregar experiências de aprendizagem personalizadas que atendam às necessidades únicas de cada aluno por meio de *feedback*, recursos tecnológicos, atendimentos personalizados, desafios, *storytelling* (narração de histórias) e demais recursos educacionais, em vez de fornecer uma experiência de aprendizado única para todos.

Os alunos são diferentes, têm experiências de vida díspar, personalidades únicas e, com isso, preferências variadas. Como, então, entregar uma jornada que agrade a todos?

É nesse ponto que entra a tecnologia, mais especificamente o *machine learning* (aprendizado de máquina), sistema que pode "aprender" com o comportamento dos alunos e, a partir daí, selecionar as melhores experiências para cada um.

O *machine learning*, ou aprendizado de máquina, pode acompanhar o comportamento e o desempenho do aluno objetivando personalizar o aprendizado. Tal processo inclui os fatores de adaptabilidade, ou seja, o que o aluno está fazendo, o que fez no passado, nível de conhecimento anterior e obtido, preferências de conteúdo, conceitos errôneos, dados demográficos ou outras fontes de dados.

Todos esses fatores condensados irão formar uma jornada incrivelmente agradável ao aluno. Nos Estados Unidos, o Departamento de Educação criou o Plano Nacional de Tecnologia da Educação (NETP), um plano que visa a um aprendizado adaptativo, inclusive do ponto de vista de tempo e local, ou seja, é preciso que o aluno aprenda em qualquer lugar a qualquer tempo e de várias formas.[21]

Evaluation by skills

E as avaliações?

Costumamos referenciá-las com aferição de aprendizado, pois o importante das avaliações é verificar se houve um aprendizado significativo ou não. Elas devem ser também um instrumento de verificação da qualidade das aulas, e não somente de análise do desempenho do aluno.

Para muitos professores, a avaliação de competências é uma mudança de paradigma, já que no modelo tradicional de educar a avaliação é uma via de mão única, o professor avalia o aluno, mas não é avaliado. Neste momento, a avalição está sofrendo uma transformação que deveria ter acontecido há tempos. Quando refletimos sobre os modelos tradicionais de aferição de aprendizado, entendemos o quanto são ultrapassados.

Travar a criança e o jovem em uma cadeira escolar por horas testando seu poder de memorização é sem sombra de dúvidas um método que não irá contribuir para a formação deles. Na vida adulta, serão poucas as vezes em que a memorização

---

[21] DEPARTAMENT OF EDUCATION. *National Education Technology Plan*. Disponível em: https://livro.pro/g2d6ax. Acesso em: 15 jul. 2020.

irá ajudá-los a se sentir felizes, além de ser algo improdutivo psicologicamente.

Por essas razões, acreditamos que a avaliação por habilidades e competências seja a forma mais indicada para se aferir aprendizado, e o mais importante nesse processo é que o aluno não seja rotulado por uma nota.

Quando o professor diz que um aluno é nota 5, está colocando um rótulo nele que nunca mais será retirado: "O João ficou com média 5 em Matemática no 6º ano".

Com esse procedimento indicado pelo sistema educacional brasileiro, aceito pela grande maioria das escolas do Brasil, estamos carimbando na vida do João que ele será nota 5 em Matemática do seu 6º ano para sempre. Nunca o João conseguirá mudar esse carimbo. Esse aluno ficará estigmatizado como mediano e pronto! Mais uma vez se repete o modelo de que assim são as coisas e sempre serão, sem abertura para uma nova reflexão.

O que estamos aprendendo neste momento é que podemos aferir o aprendizado em qualquer etapa da jornada do aluno. Ainda com o exemplo do aluno João, é possível dizer que ele está no meio de sua caminhada para o aprendizado completo do conteúdo de Matemática do 6º ano e que essa jornada poderá ser completada ou não, vai depender do aluno.

Outro aspecto importante a se considerar nas avaliações é que, em vez de um carimbo de nota, o educador pode dar um *feedback* do desempenho do João, indicando pontos positivos e pontos a melhorar, para que ele se desenvolva plenamente durante sua trajetória pelos conteúdos de Matemática do 6º ano.

E por que não trocar os métodos avaliativos que privilegiam a memorização por métodos autorais e reflexivos, em que o aluno exercita a criação, a análise, a crítica e o desenvolvimento de soluções voltadas à sua vida real?

Observamos algumas escolas que despertaram em seus alunos a vontade de ajudar o próximo neste momento tão difícil, e os resultados foram incríveis, com alunos desenvolvendo soluções supercriativas para auxiliar pessoas e empresas a transporem a Covid-19.

O aprendizado que todos estamos adquirindo com a crise provocada pela pandemia mostra que é possível reinventar os processos avaliativos, transformando-os em momentos de aprendizado multidisciplinar voltados a propor soluções para o bem, abandonando definitivamente o método analógico de aferição de aprendizagem.

Dessa forma ocorre uma ressignificação do ambiente escolar, aproximando o aluno do aprendizado, tornando-o protagonista e não mero espectador. A criança e o jovem necessitam fazer parte do processo, e não caminhar à margem dele.

A tecnologia como grande aliada

A tecnologia é um grande atalho (*shortcut*) na busca de soluções para problemas antigos e novos. Deve ser encarada como uma grande aliada para que profissionais de todas as áreas sejam mais eficientes.

Um médico cirurgião pode ser mais preciso em microcirurgias com o auxílio de um robô; um arquiteto pode ter mais êxito em suas maquetes com uma impressora 3D; um advogado pode ser mais assertivo em suas petições com a ajuda de um sistema de inteligência artificial que analisa jurisprudências, e assim por diante. E um educador não pode ser mais eficiente usando a tecnologia?

Obviamente que a resposta é sim!

As escolas descobriram que as soluções tecnológicas podem ser grandes parceiras em momentos de crise como este que estamos vivendo. Em poucos dias, foi possível levar o aprendizado à casa dos alunos em vez de os alunos irem até a escola para aprender. As instituições de ensino e os professores criaram o que chamamos de *home academy*.

Dentro desse conceito de *home academy*, várias tecnologias foram e podem ser utilizadas, proporcionando um aprendizado significativo, prazeroso e eficiente. Muitas escolas conseguiram em pouco tempo, com as tecnologias interativas disponíveis no mercado, transformar a educação a distância em uma educação com menos distância.

Em poucos meses foi possível perceber que a educação está ganhando novas perspectivas com o processo ensino-aprendizagem baseado nas tecnologias emergentes disponíveis atualmente. De forma ainda incipiente e sem planejamento, por força da pandemia, proporcionou-se a milhões de alunos o acesso ao ensino de forma remota, modificando o padrão utilizado há mais de 200 anos.

A educação exigida neste tempo de pandemia mudou a noção de presença, tanto do professor como do aluno, com a introdução de novos componentes nesse cenário acadêmico: as tecnologias emergentes interativas. Essa dinâmica deve ocorrer de tal maneira que os laços e a aproximação necessários para o desenvolvimento do conhecimento não sejam trivializados.

A tecnologia já faz parte do *mindset* das atuais gerações de estudantes e, por isso, sua inserção no dia a dia dos jovens não causou atrito. Se pararmos para pensar, qual é o espírito desta época? Talvez o Google ou outro sistema computacional tenha a melhor resposta.

Desde 2004, com o Orkut e, claro, com o Facebook, o que existe de mais característico nesse contexto é a conexão em rede, desenvolvendo a interação e comunicação entre pessoas do mundo todo, impulsionando a liberdade de produção e publicação de conteúdos.

Vivenciamos um momento em que mentes em interação com soluções tecnológicas são capazes de gerar um valor nunca antes visto ao conhecimento produzido pelos coletivos digitais e que mudam o perfil das pessoas.

Para exemplificar como os perfis mudam rapidamente, a Google Campus São Paulo divulgou uma pesquisa[22] que aponta dados interessantes durante parte do período da Covid-19. De abril de 2020 até junho de 2020, as buscas relacionadas a alimentos e bebidas cresceram de 30% a 45%. O termo "restaurante *delivery*" teve crescimento na busca de 72% e a busca por móveis para trabalhar em casa aumentou mais de 90%.

---

[22] Disponível em: https://livro.pro/zvi5zn. Acesso em: 16 jul. 2020.

Outros dados interessantes da mesma pesquisa mostram que houve um aumento de 130% na busca pelos termos "internet banking" enquanto que "conta digital" teve uma procura 10 vezes maior. Termos como "transferência de dinheiro e serviços" cresceram 105% nas pesquisas, e a as buscas por *startups* focadas em varejos e *marketplace* aumentaram em 47%.

E na educação? Não podia ser diferente. A pesquisa indica que as buscas por *softwares* de educação tiveram crescimento de 46%. Ou seja, as escolas foram obrigadas a se movimentar para tornar as tecnologias suas aliadas.

Excelentes oportunidades e aprendizados estão surgindo graças a essa mudança de mentalidade por parte de todos, educadores, alunos, pais e familiares. Antes, porém, de prosseguirmos com os benefícios das tecnologias emergentes na educação, é importante conhecer um pouco sobre cada uma delas.

Inteligência Artificial (IA)

O avanço do estudo da inteligência artificial vem abrindo um caminho de oportunidades. Quando aplicada a dispositivos de uso cotidiano, a IA transforma-os em aparelhos incríveis, que trazem, na maioria dos casos, benefícios importantes para a vida das pessoas.

Como exemplo é possível citar relógios que podem monitorar todos os indicadores vitais da pessoa, avisar quando alguns dos indicadores entram em descompasso com o esperado e, ainda, com a permissão do usuário, compartilhar com outras pessoas conhecidas os sinais vitais, o que pode ser muito útil em casos de emergência.

Outro exemplo interessante é o da geladeira que avisa quando um determinado alimento está prestes a acabar e que, após o comando da pessoa, pode realizar a compra do alimento automaticamente. Nesse momento, entra a logística das empresas para atender a essas novas demandas.

As primeiras iniciativas em IA datam da década de 1930. No início, as pesquisas em torno dessa incipiente ciência eram desenvolvidas apenas para encontrar novas funcionalidades para o computador, ainda em projeto. Com a Segunda Guerra Mundial (1939-1945), surgiu também a necessidade de desenvolver a tecnologia para impulsionar a indústria bélica.

Barr e Feigenbaum, na obra *The handbook of Artificial Intelligence*, afirmam que as primeiras iniciativas de pensamento que se cristalizaram em torno da IA já estavam em desenvolvimento desde os anos 1930. Porém, oficialmente, a IA nasceu em 1956 com uma conferência de verão em Dartmouth College, em Nova Hampshire, nos Estados Unidos, quando dez homens demonstraram um estudo durante dois meses sobre o tópico "Inteligência Artificial". Segundo a escritora inglesa Pamela McCorduck, ao que tudo indica, esta parece ter sido a primeira menção ao termo "Inteligência Artificial".

Ao longo da história da humanidade, surgiram várias linhas de pesquisa e estudo da Inteligência Artificial, e uma delas é a biológica, que estuda o desenvolvimento com a intenção de simulação das redes neurais humanas. É possível precisar que a partir dos anos 1960, os pesquisadores introduziram o conceito da Inteligência Artificial. Com isso, tivemos uma fusão dos conceitos, tanto é que os estudiosos da linha biológica passaram a acreditar que as máquinas pudessem realizar tarefas humanas complexas, como raciocinar.

Atualmente, é possível observar diversas aplicações de IA em nosso cotidiano, que vão desde os tutores virtuais autônomos até equipamentos hospitalares e processos autômatos de logística. Existem vários ramos de estudo em sistemas inteligentes, cada um dedicado a um aspecto específico do comportamento humano.

Nesse cenário, surge a cognificação, que de forma resumida significa incrementar inteligência a qualquer dispositivo com os quais as pessoas interagem. Atualmente já há vários *gadgets* (dispositivos eletrônicos) com alguma inteligência artificial, no entanto, a tendência é que se tenha uma grande disponibilidade de sistemas inteligentes sob demanda, para serem utilizados nas mais diversas funções, auxiliando as pessoas a resolver problemas de forma mais assertiva e rápida, como, por exemplo, em ambientes virtuais de aprendizado.

Para Kevin Kelly, um dos mais influentes pensadores do mundo digital, é possível comparar o advento da IA com a Primeira Revolução Industrial, que foi impulsionada por uma força artificial chamada eletricidade. Ela entregou à humanidade diversas soluções que hoje não nos imaginamos viver sem elas, tais como motores, geladeira, televisão, telefones, computadores, etc. Assim, hoje vivenciamos algo semelhante em relação à inteligência artificial e estamos no início de um novo paradigma que deve proporcionar uma nova fase na evolução da humanidade.

A era da cognificação pode significar uma mudança de como nós resolvemos os problemas atualmente. A inteligência artificial estará muito mais presente em nossas vidas ao lado da inteligência natural em busca de novas soluções.

Kevin Kelly conclui que dentro desse novo cenário de futuro, o que antes era moldado pela eletricidade será pela cognificação, ainda mais quando outras tecnologias estão se fundindo para proporcionar novas soluções, como Nanotecnologia, Prototipação 3D, *Big data*, IoT, *Neurohacking*, *Design Thinking*, *Machine Learning*, *Cloud Computing*, entre outras.

Uma das características mais interessantes da IA é a capacidade de os sistemas apreenderem com o uso, ou seja, quanto mais se usa o sistema mais o sistema se torna eficiente e inteligente. A capacidade de aprender é um grande diferencial da Inteligência Artificial, e essa característica faz com que um sistema computacional se aproxime de nós, seres humanos.

Essa capacidade voltada à educação traz o benefício de um processo de ensino-aprendizagem adaptativo, no formato e com os conteúdos que mais agradam ao aluno, ou seja, um ensino personalizado.

A ficção começa a se tornar realidade. Pensar hoje em ter um auxiliar robô não é uma realidade mais tão distante. Hoje já existem robôs que conseguem segurar um copo de plástico sem amassá-lo e sem deixá-lo cair no chão, capacidade esta que até poucos anos atrás era impensada, pois os seres humanos precisam usar o tato para executar tal função, e este recurso é altamente complexo para transformá-lo em um sistema computacional.

Os robôs podem ser garçons ou entregadores do futuro, pois conseguem oferecer um copo com água e entender um "sim" ou um "não", e até encontrar uma tomada quando sua bateria estiver descarregando de forma autômata.

Um exemplo bastante interessante é da Amazon, que já utiliza mais de 15 mil robôs em seus centros de distribuição nos Estados Unidos. É impressionante vê-los em ação e compreender como eles impactam a precisão e velocidade das entregas, colocando a empresa muito à frente de seus concorrentes.

Uma pesquisa realizada pelo Esticast Research & Consulting mostrou que a expectativa de crescimento do mercado de *drones* comerciais é atingir 3,5 bilhões de dólares até 2024.[23]

Nos últimos cinco anos houve uma explosão na popularidade dos pequenos *drones*. Eles são, atualmente, a face mais visível da robótica em nossa sociedade. *Drones* são geralmente equipados com uma câmera de alta resolução que permite transmissão das imagens em tempo real.

Imagine uma aula sobre o relevo da região Centro-Oeste do país com um voo ao vivo de *drones* sobre planaltos, chapadas, serras, depressões e planícies da região e até um voo mais próximo da chapada dos Guimarães e a planície do Pantanal mato-grossense? Tudo isso poderia ser feito de qualquer lugar do mundo acionando um *drone* inteligente de uma base próxima à região.

Sistemas que gerenciam *drones* são apenas um dos exemplos de aplicação da inteligência artificial em organizações e escolas para ganharem competitividade. Existem inúmeras aplicações de IA que, quando atrelada a outras tecnologias emergentes, podem trazer diferenciais importantes às experiências das pessoas.

---

[23] PHILLIPS, A. Commercial drones Market projected to reach $3.5 billion by 2024. *DroneLife*, [s.l.], 2017. Disponível em: https://livro. pro/hahu4c. Acesso em: 17 jul. 2020.

As grandes empresas de tecnologia estão em uma intensa corrida na busca da liderança em prover inteligência artificial. Amazon, Apple, Google, IBM e Microsoft estão investindo fortemente para ser tornarem referências em ambientes cognitivos a fim de que os programadores possam desenvolver soluções utilizando os seus sistemas cognitivos.

Atualmente, o modelo de negócios dessas grandes empresas baseia-se em disponibilizar uma quantidade pequena de acessos gratuitos aos seus ambientes inteligentes e, depois de uma certa quantidade de acessos, passam a cobrar.

A IBM possui seu famoso ambiente baseado no supercomputador Watson, que em 2010 iniciou suas primeiras atuações decodificando linguagem natural. Em janeiro do ano seguinte, o Watson participou do programa de televisão *Jeopardy!*, nos Estados Unidos, e venceu dois dos melhores competidores da história do programa.

Anos mais tarde, a IBM anunciou que aplicaria a tecnologia à resolução de problemas reais nas áreas da saúde, das finanças e dos negócios, e não levou muito tempo para que o Watson provasse a sua eficiência em pesquisas de oncologia.

Outro exemplo interessante da aplicação do Watson aconteceu na Pinacoteca de São Paulo, considerado um dos mais importantes museus de arte do Brasil, e que está localizado em um edifício construído em 1900, no bairro da Luz, no centro da cidade de São Paulo.

Nesse projeto, o Watson foi utilizado para deixar a visita ao museu mais agradável. Com ele, qualquer pessoa pode fazer perguntas para as obras de arte e obter as respostas.[24] Esse é um exemplo real de como a inteligência artificial pode ajudar todas as pessoas, aproximando-as das artes, antes elitizadas e acessíveis a apenas uma parte da população. É a tecnologia auxiliando na inclusão.

---

[24] O vídeo dessa experiência incrível está disponível em: https://livro.pro/8xkmdf. Acesso em: 17 jul. 2020.

Para essas aplicações com inteligência artificial, faz-se uso do *machine learning*, que representa uma evolução-chave nos campos da ciência da computação, análise de dados, engenharia de *software* e inteligência artificial.

É a habilidade que o computador tem de aprender sem ser programado de forma explícita. Também chamado de aprendizado de máquina, como citado anteriormente, o *machine learning* explora a construção de algoritmos capazes de aprender com os erros e fazer a previsão de dados.

Você já se perguntou como um *e-commerce* apresenta ofertas quase instantâneas para outros produtos que são do seu possível interesse? Ou como instituições financeiras podem fornecer respostas quase em tempo real aos seus pedidos de empréstimo?

As nossas interações digitais do dia a dia alimentam e são alimentadas por algoritmos de *machine learning*, dentre os quais podemos citar detecção de fraudes, resultados de pesquisa na *web*, anúncios em tempo real em *gadgets* inteligentes e páginas da internet, interpretação de sentimentos baseada em texto, pontuação em programas de milhagens e promoções, previsão de falhas em equipamento, novos modelos de precificação, detecção de invasão na rede, reconhecimento de padrões e imagem e filtragem de *spams* no *e-mail*.

Outra aplicação educacional de inteligência artificial interessante foi implementada pela empresa Cognitoy. Ela desenvolveu um brinquedo inteligente que pode elaborar frases complexas, ensinar e aprender com as crianças. O brinquedo se chama Dino e tem conexão via *wi-fi* com o Watson da IBM e pode interagir com crianças e adultos, ensinando e aprendendo com o uso da inteligência artificial.

Com a inteligência artificial também é possível desenvolver *chatbots* cada vez mais eficientes. Trata-se de um *software* que procura simular um ser humano na conversação com as pessoas. O objetivo é responder às perguntas como um atendente humano. Depois de receber as perguntas, o *chatbot* consulta suas bases de dados, a que se pode chamar de conhecimento computacional, e entrega as respostas mais adequadas. Quanto mais o *chatbot* interage com as pessoas, mais ele aprende, ou seja, mais o *chatbot* incrementa seu conhecimento computacional.

O Facebook já liberou para os desenvolvedores uma ferramenta de *chatbot* integrada ao seu serviço de mensagens, o Messenger. O principal objetivo dessa ferramenta é auxiliar no processo de atendimento de seus clientes, contribuindo para a experiência do usuário e trazendo soluções cada vez mais imediatas para os problemas.

Como o Facebook e a IBM, outras empresas possuem seus ambientes destinados ao fornecimento de tecnologia relacionadas à inteligência artificial. Entre essas empresas, vale destacar algumas:

Microsoft:[25] investiu em uma plataforma bastante flexível, chamada Azure, com um leque de ferramentas para que desenvolvedores possam implementar suas aplicações utilizando inteligência artificial. Suas APIs (Interface de Programação de Aplicações) conseguem dar ótimas opções de interface com as aplicações educacionais, abrindo, assim, oportunidades para que as escolas possam implementar serviços cognitivos, tais como *chatbots*, aplicações preditivas, interpretação de linguagem natural, sistemas inteligentes, etc.

Intel:[26] está investindo fortemente em inteligência artificial, tanto que criou uma área gratuita para auxiliar desenvolvedores e gestores no ecossistema cognitivo. No portal desenvolvido pela Intel, é possível entender como utilizar memória e processamento de forma mais eficiente com IA, além de tratar de forma inteligente grandes conjuntos de dados. Possui também conteúdos para capacitar profissionais a como treinar modelos complexos por meio de escalonamento eficiente, usando o *hardware* para

---

[25] Disponível em: https://azure.microsoft.com/pt-br/overview/ai-platform/. Acesso em: 13 out. 2020.

[26] Disponível em: https://software.intel.com/pt-br/ai-academy. Acesso em: 13 out. 2020.

aprendizagem de máquina, diminuindo o tempo de treinamento e aumentando a velocidade de inferência.

Google:[27] em uma linha de entrega de experiências aos usuários, a empresa investe em robôs com inteligência artificial que podem simular perfeitamente um ser humano. Um exemplo dessas aplicações foi o que ocorreu na conferência de desenvolvedores Google I/O, em Mountain View, Estados Unidos, em 2018: um telefone toca e alguém atende. "Alô", diz com cautela a voz masculina ligando para um restaurante. "Olá, eu gostaria de reservar uma mesa na sexta, dia 3." A atendente pede um instante. A voz do outro lado titubeia por um segundo e solta um "uhum". Em menos de um minuto, em um diálogo aparentemente simples, a atendente faz a reserva para um homem chamado Daniel. Porém, o mais curioso foi que a ligação não partiu do Daniel, e sim de seu robô virtual. Parece ficção científica, mas tudo aconteceu ao vivo.

Machine learning

Também conhecido como aprendizado de máquina em português, representa uma evolução dentro da inteligência artificial e está evoluindo rapidamente, ainda mais neste período de pandemia. Trata-se da habilidade que os sistemas possuem de aprender com a apresentação de padrões, tentativa e erro e validações humanas.

O *machine learning* é um método de análise e interpretação de dados que sistematiza o desenvolvimento de modelos matemáticos, usando algoritmos que aprendem interativamente a partir de dados. Muito autores afirmam que o aprendizado de máquinas permite aos sistemas computacionais encontrarem *insights* ocultos sem serem programados especificamente para procurar algo determinado.

A necessidade das organizações de aumentar a sua produtividade, dinamizar a sua produção, ganhar competitividade, adaptando-se às exigências de seus clientes, está levando a uma

---

[27] Disponível em: https://events.google.com/io/. Acesso em: 13 out. 2020.

busca pela chamada Indústria 4.0. Para tanto, a implementação de soluções utilizando a inteligência artificial torna-se indispensável.

Essa transformação digital que as organizações estão buscando implica na adoção das tecnologias emergentes, como o aprendizado de máquina, que pode trazer informações preditivas e inteligentes para as tomadas de decisão, e o papel do gestor de tecnologia é fundamental analisando e viabilizando as aplicações nessa área dentro de suas empresas.

As técnicas de *machine learning* são algoritmos de inteligência artificial baseadas em redes neurais artificiais. Dessa forma, máquinas são capazes de aprender, de se adaptar e de agir de forma autônoma a partir dos dados de processo aos quais elas têm acesso.

A utilização do aprendizado de máquina nas soluções computacionais educacionais vem crescendo muito nos últimos anos devido ao aumento do poder computacional e do armazenamento de informações nas máquinas, o que proporciona a implementação de aplicações mais complexas que tentam simular o cérebro humano.

Conceitualmente, os sistemas inteligentes são previamente ensinados a analisar as informações e, assim, adquirem a capacidade de responder a questões colocadas sobre o seu conteúdo, mas as suas bases de conhecimento normalmente estão limitadas pelo tamanho dos documentos.

É importante ressaltar que os dados de entrada precisam ser confiáveis para que a aprendizagem ocorra de forma eficiente. Caso os dados de entrada sejam de má qualidade, o aprendizado será de qualidade duvidosa, daí a importância do gestor de TI em analisar os dados que serão usados para ensinar as redes neurais artificiais.

Um exemplo real que ilustra a importância dos dados de entrada são os dois robôs da Microsoft: o primeiro chamado Tay e o segundo Zo. Ambos se tornaram preconceituosos e racistas por serem ensinados em uma rede aberta como o Twitter. Os robôs foram ensinados por seres humanos com essas características maléficas e, assim, a Microsoft resolveu desligá-los.

As aplicações utilizando redes *machine learning* estão crescendo em muitas áreas, impactando a vida das pessoas e trazendo competitividade às empresas. Vamos conhecer algumas delas.

Área financeira: as redes neurais artificiais já são responsáveis por indicar o melhor investimento para seus clientes, dependendo de seu perfil, que está sendo traçado por algoritmos que analisam todas as informações disponíveis na internet, incluindo em redes sociais. Outra aplicação no mercado financeiro está nos *softwares* que analisam e indicam as melhores opções de papéis na bolsa de valores. Isso é possível analisando e aprendendo com notícias, balanços divulgados por empresas, humor do mercado, movimentações políticas, etc.

As empresas de cartão de crédito já conseguem prever o possível divórcio de um casal ou um casamento em crise por meio da análise de gastos efetuados em determinado período pelo casal. A empresa analisa a mudança de comportamento de consumo e se adianta para oferecer mais serviços e investimentos. Sempre que o cartão é utilizado, ocorre uma comunicação que faz com que o *machine learning* compute e armazene as características de consumo do usuário.

Área médica: a inteligência artificial já está sendo uma grande aliada dos médicos na detecção de doenças com análises de exames de imagens em diversos países. Outro exemplo é a prescrição de remédios com base no histórico do paciente, analisando-se todas as vezes que ele já fez uso de determinada medicação e suas consequências.

Business intelligence: as organizações estão ficando a cada dia mais inteligentes graças aos modelos preditivos que contribuem para as tomadas de decisão mais assertivas e rápidas. Para tanto, utilizam-se das informações estruturadas e não estruturadas das empresas.

Automação: o *machine learning* está impulsionando os sistemas de automação inteligentes, que vão desde linha de produção mais eficientes, aprendendo com os erros, até sistemas robóticos que trazem alto ganho de produtividade para as empresas.

Educação e entretenimento: a indústria do entretenimento está aumentando significativamente seu faturamento devido às experiências interativas que utilizam aprendizado de máquina, tornando-as sob medida para seus frequentadores. Essas experiências vão desde cursos e jogos até filmes interativos.

Veículos e robôs autômatos: o *machine learning* é responsável pelo aumento em soluções autômatas, que vão desde veículos aéreos, terrestres, aquáticos até robôs de telepresença e industriais.

Internet das Coisas

A evolução da internet ocorreu de maneira exponencial em todos os aspectos: número de pessoas com acesso; velocidade; tecnologias avançadas, como a fibra óptica e os dispositivos eletrônicos que se conectam pela internet. O conceito de Internet das Coisas se aplica aos equipamentos e utensílios comuns ao dia a dia das pessoas e que agora podem se conectar à internet.

Pesquisas demonstram que mais da metade da população mundial, mais precisamente 51%, tem acesso à rede, segundo o relatório Estado da Banda Larga de 2019, produzido pela Comissão de Banda Larga das Nações Unidas. No Brasil, também se verifica um crescimento bastante acelerado, conforme dados da Nielsen Online,[28] que demonstram que o número de usuários ativos alcançou 41,5 milhões em agosto de 2010 (aproximadamente 22% da população), contra os 39,2 milhões em julho de 2010, representando um aumento de 5,9 % em apenas um mês.

O estudo ainda mostrou que os brasileiros passam mais de 60 horas por mês navegando na internet, sendo as redes sociais uma das principais razões. Outra pesquisa do mesmo instituto demonstra que o consumo da internet pelos jovens brasileiros cresce 50% em dez anos.

Carros, TVs, geladeiras e até tênis estão conectados e interagindo com outros dispositivos, como o computador ou *smartphone*. Essa é uma realidade cada vez mais próxima. O termo

---

[28] KANTAR IBOPE. São Paulo. Disponível em: https://livro.pro/az4gmm. Acesso em: 22 jul. 2020.

Internet das Coisas ou IoT (abreviação em inglês de *Internet of Things*) surgiu em 1999, quando o pesquisador britânico Kevin Ashton afirmou que iríamos nos conectar de formas alternativas com a internet devido ao tempo escasso e à rotina das nossas vidas.

Para uma aplicação (*software*) IoT funcionar, é necessário um dispositivo (*hardware*) com sensores agregados e tecnologias de conectividade. Tais tecnologias integradas formam os dispositivos IoT, que possuem determinadas funções, como câmeras de vídeo, relógios, miniestações meteorológicas, brinquedos inteligentes, *drones*, etc.

Com *chips,* processadores e sensores cada vez mais baratos e acessíveis, empresas e grandes marcas estão apostando em um aumento de faturamento em novos mercados que estão surgindo em diversas áreas.

Como exemplo de aplicação na área da saúde, atualmente existem dispositivos IoT que podem ser usados para habilitar sistemas remotos de monitoramento de saúde e notificações de emergência. Esses dispositivos de monitoramento podem variar de monitores de pressão arterial e de frequência cardíaca a dispositivos avançados capazes de monitorar implantes especializados, tais como pulseiras eletrônicas e outros acessórios vestíveis.

Esses dispositivos podem ser usados tanto no cuidado com a saúde como no ensino das práticas médicas aos estudantes das áreas afins que necessitam adquirir vivência prática na profissão.

Já na área ambiental, há sensores que monitoram a qualidade do ar ou da água, as condições atmosféricas ou do solo e até os movimentos de animais selvagens em seus hábitats. Serviços de segurança também aproveitam para gerar alertas de terremotos ou tsunamis de uma forma mais eficaz.

Um exemplo é o Invisible Track, dispositivo que não possui fio e que está sendo utilizado em programas-piloto para auxiliar a combater o desmatamento ilegal que acontece na Amazônia. Os dispositivos operados à bateria são instalados em árvores selecionadas e, assim que as árvores registradas estão em trânsito, uma notificação de alerta com coordenadas de localização é enviada ao

Instituto Brasileiro de Meio Ambiente para que os responsáveis possam agir.

As aplicações são inúmeras. Imagine uma turma de Ensino Médio que irá trabalhar a questão da energia. É possível desenvolver um sistema relativamente simples ligado à internet com a função de otimizar o consumo de energia em uma residência ou empresa. Os dispositivos IoT podem ser integrados em todas as fontes consumidoras de energia (interruptores, tomadas, lâmpadas, televisores, etc.) e assim se comunicar com um responsável via celular para monitorar o consumo.

Esses dispositivos também oferecem a possibilidade de os usuários controlarem remotamente seus aparelhos, por meio de um aplicativo na nuvem. Com ele, é possível ligar ou desligar remotamente sistemas de aquecimento ou alterar as condições de iluminação, por exemplo.

Para a "magia" da Internet das Coisas acontecer, é necessário que haja o casamento entre a aplicação (*software*) e o dispositivo (*hardware*). A placa Arduino é um exemplo de dispositivo de baixo custo e tecnologia *open source*, ou seja, tecnologia aberta.

O Arduino é uma placa com custo acessível para profissionais e amadores colocarem em prática os conhecimentos em programação. A placa é composta por um microcontrolador, ou seja, um circuito totalmente programável. Vale destacar que não possui um sistema operacional, a programação roda diretamente na placa, por aguentar grandes cargas elétricas. Com o Arduino, pode-se criar projetos de automação residencial, robótica e adaptar sensores às placas para construção de aplicações IoT.

Com um custo um pouco mais elevado, mas com mais recursos, existe a placa Raspberry PI, que pode ser comparada a um minicomputador, pois é mais complexa que o Arduino, tem sistema operacional e linguagem de programação avançada. A Raspberry PI tem o formato de um cartão de crédito. Por conta do seu tamanho e da utilização de microprocessadores em seu *hardware*, é possível explorar ainda mais o uso de IoT. A partir dela, é possível criar um *drone* do zero.

Para a identificação em sistemas de IoT, há a RFID, que significa Identificação por Radiofrequência. Ela teve suas primeiras implementações durante a Segunda Guerra Mundial, em aviões britânicos equipados para devolver um sinal específico, identificando a aeronave como aliada, diferenciando-as das alemãs em um sistema que ficou conhecido como IFF (*Identification Friend-or-Foe*).

O RFID moderno funciona sob o mesmo princípio: um transceptor emite um sinal eletromagnético para um transponder (também conhecido como etiquetas RFID), que, por sua vez, recebe o sinal, processa, eventualmente grava alguma informação e o retorna para o mesmo transceptor (ou leitor), equipado com uma antena.

Outra tecnologia em expansão dentro do ecossistema dos IoTs é o Beacon, nome dado a todo *hardware* compatível com Bluetooth 4.0. Já o nome iBeacon é uma marca registrada pela Apple do protocolo que faz a comunicação dos aplicativos e Beacons por meio dos *devices* Apple (iPhone, iPad, iPod Touch, entre outros).

O Beacon está surgindo em toda parte e tem o poder de revolucionar a experiência de interação entre empresas e clientes. O destaque da tecnologia atual é um dispositivo que permite a transmissão de sinais a curta distância e com o consumo de pouca energia, mas não atua sozinho. Um *smartphone* é capaz de cooperar com os dados e as informações transmitidos em um microambiente, ou seja, dentro de um espaço em que os dois estão próximos.

Nessa linha, há os conhecidos *gadgets*, que são dispositivos tecnológicos IoT com funções e finalidades diferentes, que servem para facilitar o dia a dia das pessoas. Os *smartphones*, por exemplo, são *gadgets* que facilitam a vida de quem os utiliza. Neles é possível fazer ligações telefônicas, buscar na internet, consultar a agenda pessoal, utilizar aplicativos para diversos fins, tirar foto, tudo em um único aparelho, em um único IoT.

Um *gadget* que está fazendo muito sucesso é o Trackr Bravo. Trata-se de pequeno dispositivo (do tamanho de uma moeda) que tem como função encontrar objetos que podem ser perdidos facilmente, como uma chave, por exemplo. Ao conectar esse dispositivo ao chaveiro é possível rastreá-lo por meio de um celular.

Os *gadgets* têm a finalidade de simplificar a vida das pessoas e ajudar a resolver problemas. Contribuem também para que não se perca tempo com pequenas coisas, afinal, nos dias de hoje, tempo é coisa rara.

O mesmo ocorre com os *wearables devices* que são encontrados em aplicações para a Internet das Coisas. Também conhecidos como "tecnologias vestíveis" os *wearables devices* são todos os dispositivos inteligentes que "vestimos" para nos auxiliar de alguma maneira no dia a dia, tais como relógios, braceletes, anéis, até tênis e camisetas. Os *wearables devices* podem transformar a maneira como vivemos. Os produtos da empresa Fitbit conseguem monitorar a saúde do usuário, coletando dados do corpo e retornando informações. Os *smartwatches* (relógios inteligentes) trazem todo poder dos *smartphones* para o pulso.

A Internet das Coisas se encaixa nos aparelhos que estamos acostumados a utilizar. A Samsung, por exemplo, anunciou recentemente um refrigerador inteligente que avisa quais itens estão faltando em sua geladeira e envia fotos do seu interior para o *smartphone*, excelente recurso para um dia de compras. Além de refrigeradores, há televisão, fechadura, lâmpada, entre outros equipamentos totalmente conectados à internet.

A Internet das Coisas é uma excelente oportunidade para as escolas inovarem e criarem vantagens competitivas no mercado e novas experiências para seus alunos. Por meio desses dispositivos e sensores, uma aplicação IoT bem elaborada pode transformar qualquer setor.

A Organização das Nações Unidas para a Educação, a Ciência e a Cultura (Unesco) destaca, entre outros benefícios, que a Internet das Coisas contribui para a qualidade do processo de ensino-aprendizagem, impulsiona o desenvolvimento profissional de professores, além de incrementar qualidade em gestão, governança e administração educacional.

Esse grande ecossistema de sensores, muitos deles comunicando-se entre si, concretizará o conceito de computação ubíqua, tornando-a onipresente e, por meio da inteligência artificial e do Big Data, onisciente. As implicações de tamanha simbiose entre mundo físico e virtual são um grande espaço para reflexão e debate, tendo suas previsões mais apocalípticas inspirando filmes como *Duro de Matar 4*, *Minority Report* ou *Eu, Robô*.

Soluções que melhoram a mobilidade urbana, como os aplicativos Waze ou Moovit, tornam o deslocamento em grandes cidades mais eficiente. Imagine, portanto, essa solução em carros autônomos, ligados entre si em uma grande rede, colocando um fim aos engarrafamentos. Semáforos inteligentes que calculam o tráfego de suas vias, abrindo por mais tempo automaticamente em vias cujo tráfego esteja mais intenso que em outras. Ônibus inteligentes enviando sua localização para a rede o tempo todo, tornando mais precisos o planejamento de rotas e a previsão do tempo de deslocamento.

Casas inteligentes, além de equipadas com sensores, repensadas e replanejadas para serem mais eficientes e ocuparem menos espaço. Os serviços prestados aos cidadãos pelo poder público, pela polícia, pelos bombeiros ou mesmo serviços prestados pela prefeitura podem ser mais inteligentes e eficientes. Ferramentas de transparência e votação podem estimular os munícipes a se tornarem mais atuantes na governança das cidades onde vivem.

No Brasil, podemos citar como exemplo a cidade de Curitiba, no Paraná, que se tornou referência em mobilidade e urbanismo. Nela foram instalados mais de 100 semáforos especiais para pedestres que beneficiam pessoas com deficiência e idosos com o uso de um cartão magnético que promove maior facilidade para se atravessar as ruas.

Songdo, na Coreia do Sul, é também referência de planejamento urbano. É uma cidade denominada aerotrópole, expressão utilizada por urbanistas para designar cidades planejadas para crescerem em volta de um aeroporto. O jornal britânico *The Guardian* classificou essa cidade como a primeira cidade inteligente do mundo. Nela há ciclovias, sensores subterrâneos que reprogramam semáforos sempre que necessário, água reutilizada trazida do mar para manter a umidade e não sacrificar água potável.

A cidade de Copenhague, na Dinamarca, conseguiu reduzir o uso de combustíveis fósseis, e metade da população utiliza a bicicleta para se locomover. O maior desafio ainda é adequar os orçamentos das capitais e esperar que políticas públicas sejam realizadas em prol da população.

No agronegócio, produtores podem conectar seus sistemas de irrigação a sensores sensíveis ao clima, à temperatura, para controlar a rega da colheita. Podem também monitorar remotamente e em tempo real o processo de plantio. Dessa forma, a perda é muito menor, ou seja, o sucesso da colheita é mais garantido e os preços podem ser melhores até que os produtos cheguem às mesas dos consumidores.

Nessa mesma linha de coisas inteligentes, percebe-se uma forte tendência para o conceito do IoT ubíquo, em que dispositivos estarão inseridos no ambiente de maneira que as pessoas não os percebam. Com esse conceito, estabelece-se a capacidade de obter informação do ambiente no qual essa tecnologia está e utilizá-la para evoluir nos produtos e serviços, sem que o usuário note.

O ambiente computacional consegue detectar outros dispositivos IoT e iniciar interações de forma autômata. Com isso, é possível afirmar que tais sistemas podem agir de modo inteligente no ecossistema no qual está inserido, um ambiente provido de sensores e serviços com base nas tecnologias da Internet das Coisas.

No ambiente escolar, a Internet das Coisas pode simplesmente conectar toda a escola e entregar informações sobre a jornada completa do aluno, desde o primeiro contato, seja pelo *site* ou telefone, passando pela matrícula até o dia a dia com as aulas, tudo isso em tempo real.

Esses recursos habilitam um imenso banco de dados que possibilita as melhores tomadas de decisão, tanto do ponto de vista de um processo de ensino-aprendizagem mais eficiente quanto de gestão acadêmica e relação com a família.

Rapidamente, podemos citar diversos processos que podem ser automatizados de forma inteligente:

- aferição da frequência do aluno, tanto em sala de aula como no ambiente escolar;

- localização de funcionários, alunos e professores;

- segurança das instalações;

- monitoramento e rastreio de objetos, equipamentos, livros, entre outros materiais;

- controle de consumo de insumos;

- detecção em tempo real da satisfação dos alunos em participar das aulas;

- monitoramento em tempo real da saúde de todas as pessoas presentes na escola, incluindo biossinais, como temperatura corporal, e o não uso de máscaras de proteção;

- acompanhamento da higienização correta das mãos;

- detecção de aglomeração de pessoas;

- ações que não contribuem para o isolamento social, tais como abraços e beijos.

Enfim, as aplicações de IoT atreladas às demais tecnologias são inúmeras, trazendo mais desempenho, transparência, engajamento, satisfação, segurança, rapidez e assertividade nas tomadas de decisão.

Tecnologias *mobiles*

As oportunidades de incrementos de qualidade no ambiente escolar utilizando tecnologias *mobiles* vêm crescendo a passos largos, visto que a quantidade de usuários desses sistemas não para de crescer.

Segundo a respeitada empresa de tecnologia e pesquisa americana Morgan Stanley Research, em 2013 o número de celulares no Brasil ultrapassou o de habitantes, ou seja, mais de 200 milhões de aparelhos em circulação e, segundo dados da Anatel, atualmente o país tem 242,8 milhões de celulares e uma densidade de 117,20 cel./100 hab.[29]

Ainda segundo a mesma empresa, no ano seguinte, em 2014, houve um marco na história da internet no Brasil. Os acessos via *mobile* foram superiores aos acessos via PC, mostrando a diminuição da dependência do computador e a evolução do uso do celular, que possibilita a realização de várias tarefas em um único aparelho. Em 2015, o setor no Brasil movimentou 185 bilhões de reais, gerando mais de 250 mil empregos no país.

Esses números mostram o tamanho do mercado e, por consequência, as oportunidades que os educadores têm em focar seus investimentos de inovação em tecnologias que impactam seus alunos, como as tecnologias *mobiles*.

Ao observarmos o momento atual, com a crise da Covid-19, é possível perceber que as oportunidades são ainda maiores, já que grande parte dos alunos só possui *smartphone* e/ou *tablet*, ou seja, o *notebook* ou *desktop* já não fazem parte da lista de preferência dos mais jovens ou eles não têm poder aquisitivo para comprá-los.

Assim como nos anos 2000 em que toda empresa almejava ter um *site*, hoje toda escola deseja ter seu aplicativo, e o motivo está nos dados das pesquisas citadas. Atualmente, o acesso à internet móvel é superior ao acesso via computador (PC/*notebook*). Os jovens ficam por longas horas utilizando seus aparelhos.

Aplicativos *mobiles* criam experiências mais agradáveis e dinâmicas, e tudo o que as escolas desejam é melhorar a comunicação e estreitar a relação com seus alunos e pais. Pode-se dizer que hoje os aplicativos são o melhor e mais curto caminho para isso.

---

[29] MORGAN Stanley Research. Disponível em: https://livro.pro/red86t. Acesso em: 22 jul. 2020.

Obviamente, o caminho para o desenvolvimento de aplicações *mobiles* não é tão trivial, e alguns desafios precisam ser vencidos. A jornada é grande desde a concepção da ideia até a publicação final do aplicativo. Durante o processo de criação de um aplicativo, as escolas podem enfrentar algumas barreiras. Vejamos algumas.

• **Equipe:** o resultado de um excelente projeto é fruto de uma excelente equipe. Não basta apenas ter o melhor programador se o *design* não for atrativo. A constituição da equipe normalmente está sob o controle dos gestores de tecnologia, por isso é fundamental ressaltar a importância do equilíbrio nessa composição, mesclando profissionais com habilidades diferentes que, juntos, se completam.

Vale destacar ainda que alunos, pais, familiares e professores têm um papel essencial no desenvolvimento de aplicações *mobiles*, pois serão os usuários desses aplicativos. Sendo assim, devem participar desde o início do projeto, indicando com precisão as necessidades que eles sentem e, por que não, as possíveis soluções para os problemas encontrados. Sabe-se que, muitas vezes, o próprio usuário tem a solução de determinado problema, só falta alguém para implementá-la tecnologicamente.

• **Investimento:** é importante que o gestor educacional tenha o valor do investimento predefinido, porque, além do custo para o desenvolvimento, será necessário um valor destinado a atualizações e ajustes de curto e médio prazo. Caso o gestor opte por desenvolver o aplicativo em consultoria externa, é imprescindível avaliar sua reputação no mercado e testar seus aplicativos já publicados.

• **Tempo:** este fator pode ser o maior inimigo do projeto, porque, como sabemos, no momento atual a demora excessiva na publicação de um aplicativo pode ser crucial para seu fracasso. Assim, vale a pena investir em equipes dedicadas exclusivamente ao projeto da solução *mobile*, com minirreuniões diárias para acompanhar a evolução.

Um ponto importante no desenvolvimento e na interação de aplicações *mobiles* é a questão da usabilidade que está relacionada à experiência do usuário. Em inglês, esse termo é conhecido como *User Experience* (UX), que tem como item importante o *design* de interface (*User Interface* – UI), ou seja, com o que o usuário irá lidar.

A experiência do usuário deve levar em consideração os detalhes que serão apresentados ao utilizador durante o uso da aplicação, facilitando seu desempenho. Quanto mais simples e fácil for a aplicação, mais experiências agradáveis conquistará.

O *User Interface* (UI) está ligado ao *design* da aplicação, ou seja, guiar visualmente o usuário com elementos interativos e em todos os tamanhos e plataformas. É o responsável pela transferência dos pontos fortes de uma marca e ativos visuais para a interface da aplicação, melhorando a experiência do usuário. Já a *User Experience* (UX) abrange qualquer interação que o usuário possa fazer em seu aplicativo. É o processo de desenvolvimento e melhoria da qualidade de interação entre um usuário e o aplicativo, proporcionando facilidade no uso e prazer nas interações. E, por fim, a inclusão de um eficiente *chatbot* que possa fazer toda a interação com o aluno, os pais e os professores.

Um exemplo bem-sucedido é o atendente virtual do Governo do Estado de São Paulo, chamado "Poupinha", que ajuda os moradores de São Paulo a sanarem suas dúvidas a respeito dos serviços do Poupatempo. Ele já completou a marca de 100 milhões de mensagens trocadas com os cidadãos que procuram os serviços da prefeitura. Foi lançado em dezembro de 2016 e, de lá para cá, já agendou 2,5 milhões de atendimentos e recebeu mais de 300 mil mensagens de agradecimento.

Todo esse protagonismo dos *chatbots* é graças à sua capacidade de usar o processamento de linguagem natural para interpretar e atender a uma entrada falada ou escrita com uma intenção do usuário. Os *chatbots* estão entrando rapidamente no dia a dia das empresas e dos indivíduos com uma excelente opção de ganho de competitividade.

Os alunos não se contentam mais com um único canal de ligação com a escola. Eles desejam conectar-se com ela de onde estiverem e no momento que quiserem. Se um aluno está estudando às 3 horas da manhã e surge uma dúvida, ele certamente gostaria de resolvê-la naquele instante.

Tudo isso demonstra ainda mais a urgência de as escolas investirem em projetos que impactem seus alunos, por meio de dispositivos móveis. Com as tecnologias móveis, uma escola pode entregar soluções mais ágeis, eficientes, rápidas, digitais e até encantadoras, mesmo que tenha um grande volume de alunos, pois com um sistema inteligente *mobile* é possível impactar milhões de pessoas com um simples comando.

Neste momento, os aplicativos móveis se tornaram peças fundamentais para a vida de todos. Faz-se praticamente tudo com eles, e tal hábito certamente não será abandonado tão cedo.

Pais, familiares, educadores, alunos e gestores escolares podem trocar informações de forma ágil, segura e significativa por meio dos *apps*, buscando agregar qualidade aos processos de ensino-aprendizagem. E a escola precisa ser o agente facilitador para que esse relacionamento sadio ocorra.

Hoje a maioria dos pais faz parte de grupos, em *apps* de comunicação, da turma dos filhos, nos quais se discutem vários assuntos relacionados ao dia a dia escolar, mas sem a presença da escola.

Sabe-se que somente com todos os pontos de vista envolvidos é possível encontrar melhores soluções, principalmente quando se fala em educação, um processo em que os erros podem impactar significativamente na formação dos jovens.

Estamos vivenciando a importância de uma comunicação eficiente que obrigatoriamente não seja presencial. Antes, as reuniões promovidas pela escola com os pais e familiares aconteciam presencialmente. Agora, todos tivemos que mudar o nosso *mindset*. Fomos obrigados a conversar sobre assuntos importantes a distância, e, a nosso ver, estamos conseguindo obter sucesso.

Talvez aquela máxima "O assunto é importante, precisamos conversar pessoalmente" esteja perdendo a relevância e estejamos nos habituando com as soluções *mobiles*, encurtando o caminho, evitando deslocamentos e contato físico, tão importante para amenizarmos os contágios.

Realidade Virtual (VR) e Realidade Aumentada (AR)

Quando se fala em reclusão e isolamento social, logo pensamos em por que não criar um mundo virtual para podermos transpor momentos como o que estamos sendo obrigados a passar por conta da pandemia.

Com os avanços tecnológicos, temos possibilidades de criar um mundo virtual para colaborar positivamente com as mais diversas áreas. Por exemplo, jogos de realidade virtual (VR – *Virtual Reality*) em que os usuários são levados a outros ambientes por meio dos óculos de realidade virtual, cirurgias médicas virtuais a distância e aulas incríveis de conteúdos diversos com a ajuda de óculos que tornam possível uma imersão completa em um mundo virtual que muito se parece com o real.

As aplicações que unem realidade virtual e *gamificação* estão "disruptando" os modelos tradicionais de educação, trazendo uma imersão em um mundo virtual atraente e divertido, oferecendo diversas oportunidades para que os gestores educacionais invistam nessa tendência.

Em 2003, quando surgiu o Second Life, ambiente virtual onde se "vivia" uma segunda vida virtual, as atenções voltaram-se para a possibilidade de uma vida paralela à vida real, em que as pessoas passaram a ter rotinas, bens e amigos totalmente virtuais, e utilizando dinheiro físico para isso.

Em 2009, o cineasta e roteirista canadense James Cameron lançou o filme *Avatar*, que, apesar de ficção, sintetiza o ano de 2154, em que a mente humana controla corpos biológicos (avatares) de um mundo alienígena chamado Pandora, ou seja, um mundo real controlando outro mundo real.

Atualmente esse tipo de ficção já está se tornando realidade, abrindo um grande leque de oportunidades para a implementação de soluções disruptivas nas escolas visando impulsionar o aprendizado.

Para compreender com mais facilidade os chamados mundos paralelos ou virtuais, basta observar que a maior parte do dinheiro do mundo é tratada em plataformas virtualizadas dentro de instituições financeiras.

As fotos de cada pessoa são tiradas no mundo físico por meio de dispositivos físicos, mas são armazenadas, tratadas e compartilhadas no mundo virtual, bem como a lista de amigos das pessoas está plugada em redes sociais virtuais.

Nesse universo de novas opções de negócios, está a *gamificação*, que transforma as experiências dos usuários em verdadeiras jornadas, com enredos, personagens e recompensas pelos trajetos completados ou fases vencidas.

Quem acreditava que assistir a um filme 3D era uma experiência única, surpreende-se ao utilizar óculos de realidade virtual. Sensações, que vão de vertigem a experiências imersivas e detalhistas, dão vazão a oportunidades de aprendizado.

Entrar em uma loja virtual, visualizar os produtos em 360 graus, analisar as características como se o produto estivesse em suas mãos, além das já tradicionais opiniões das redes sociais e comparação com outros produtos atrelado a um sistema de bonificação em que os clientes recebem uma parte do que pagam de volta para que retornem posteriormente para uma nova compra, permitem que o novo modelo baseado na *gamificação* e na realidade virtual seja uma experiência diferenciada.

Experiência parecida pode ser oferecida por um jogo de console, computador ou *mobile*, e vivenciar de fato as aventuras, com cenários, combates, desafios e a história do jogo, pode proporcionar um aprendizado mais eficiente para os alunos.

Com os avanços tecnológicos, tais experiências já estão acessíveis às pessoas por meio de dispositivos que são facilmente adquiridos em lojas de acessórios de computadores.

Atualmente, é possível encontrar basicamente duas categorias de óculos de realidade virtual:

1) Óculos VR para computadores e consoles: contêm processadores e se conectam a um computador ou console, possibilitando uma experiência altamente qualitativa. É possível encontrar no mercado três modelos:

- **Oculus Rift:** fabricado pela Oculus VR, adquirida pelo Facebook em 2014. Trata-se de um dispositivo muito eficiente para jogos, filmes e até conversas virtuais com outras pessoas.
- **HTC Vive:** fabricado em conjunto pela HTC Corporation (fabricante de dispositivos) e Vale Corporation (desenvolvedora de jogos eletrônicos). Apesar de ter um custo mais elevado em relação aos demais, proporciona ao usuário uma imersão completa. Para tanto, utiliza-se de sensores externos que fazem o mapeamento de todas as movimentações dos usuários.
- **Playstation VR:** produzido pela Sony, é específico para uso no console PlayStation a partir da versão 4, focado para o uso de *games*.

2) Óculos VR para *mobile*: podem ser acoplados ao celular e, por meio de *apps*, realizar a experiência. Existem desde dispositivos de papelão até os mais sofisticados, de plástico e até de tecido. Existem dois modelos disponíveis:

- **Google Cardboard:** óculos feitos de papelão, que podem ser produzidos em casa, nos quais é possível acoplar o *smartphone* de forma simples e ter uma experiência formidável. Esse estilo de óculos tem um custo bastante acessível e contém uma série de *tool kits* (kits de ferramentas) para desenvolvimento de *apps* para VR.
- **Samsung Gear VR:** fabricado em conjunto pela Samsung e a Oculus VR. Tem um bom custo-benefício, porém, mais elevado que o Cardboard. Traz uma experiência imersiva e de ótima amplitude periférica se tratando de realidade virtual oferecida por celulares.

Um exemplo interessante de aplicação utilizando VR com aprendizado é o da Ogilvy Brasil, pertencente à maior empresa de publicidade do mundo, a WPP Group, que desenvolveu o VR Vacina para um laboratório, cujo objetivo é auxiliar as crianças em um momento que gera tanto medo e dor: a vacina.

O VR Vacina leva a criança a interagir em um mundo repleto de cenários, personagens, histórias e desafios. Durante o uso, a criança passa pelo procedimento da vacina com menor tensão.

O cinema também utiliza a realidade virtual para intensificar a experiência. Empresas consagradas como MGM, Sony, Disney, Fox e IMAX passaram a investir milhões na produção cinematográfica com experiência de VR. A IMAX investiu na criação de espaços de cinema VR em Los Angeles e Nova York, para dar um *start* nessa nova era dos cinemas. Esses espaços permitem, além da imersão da experiência em participar de filmes, sentir cheiros, experimentar sensações, ou seja, uma mistura de tecnologias 4D.

Em um novo modelo de aprendizagem remota, a realidade virtual é uma grande aliada para transformar as experiências acadêmicas em verdadeiras aventuras em mundos virtuais.

Obviamente, existe um impeditivo que precisa ser vencido, o custo dos dispositivos, que em alguns casos é inviável. No entanto, como ocorre com a maioria das inovações tecnológicas, chegará um momento em que se popularizará uma solução levando o custo a despencar.

O impeditivo diminui quando se fala em realidade aumentada (AR – *Augmented Reality*). Em julho de 2016, com o lançamento do Pokémon GO pela Niantic, a realidade aumentada começou de fato a ser popularizada e desmistificada. Tratada como uma subcategoria da realidade virtual, a AR permite ao usuário visualizar imagens virtuais no mundo real e, mais do que isso, possibilita a interação entre ambos.

Encontrar um Dragonite no quintal de casa e ainda capturá-lo parece um tanto surreal se olharmos somente para o lado lúdico do aplicativo. E isso encantou as pessoas, a ponto de pararem seus trabalhos, mudarem trajetos, arriscarem-se no trânsito, em uma busca incessante e infinita, apesar de divertida.

Tecnicamente, aquele dragão voador não está naquele local físico, mas o aplicativo, com muita *gamificação*, possibilita essa sensação. Os algoritmos, parte integrante do jogo, mapeiam os pontos da cidade cabíveis de "aparição" das personagens e, pelo

GPS do celular, o aplicativo realiza a junção entre a localização do usuário e esses pontos constantemente mapeados.

Assim como o Pokémon Go, diversos aplicativos fazem sucesso integrando as realidades. É o caso dos *apps* SketchAR, que ensina a desenhar em um papel ou um quadro baseado em desenhos de *template* do aplicativo, e do inkHunter, que possibilita ao usuário escolher e visualizar uma tatuagem diretamente na parte do corpo que desejar, sem o risco de escolher a *tatoo* e o local errados.

Dessa forma, pode-se usar a realidade aumentada apenas com um celular e isso está alavancando as soluções educacionais que utilizam a realidade aumentada para proporcionar um aprendizado mais significativo.

No caminho da evolução da realidade aumentada, está a holografia. Modelos holográficos permitem cada vez mais a interação entre o mundo real e o mundo virtual semimaterializado.

A Microsoft é uma das pioneiras dessa vertente. Por meio dos óculos Hololens, a empresa consegue trazer imagens em 3D para a mesa do usuário, para que ele possa analisá-las e manipulá-las tal como nos filmes da Marvel. Estar em qualquer lugar e, ao mesmo tempo, ter o mundo virtual no mundo real ao seu dispor é o grande marco que a Microsoft emprega com o Hololens, tecnologia também categorizada como realidade mista, pois envolve as realidades virtual e aumentada.

A holografia torna possível o sonho dos mais diversos profissionais. Imagine um médico tendo a possibilidade de analisar órgãos humanos antes de um processo cirúrgico, tornando a cirurgia mais assertiva. Ou, ainda, um *designer* poder trabalhar seus produtos em 3D no ambiente que o produto será de fato utilizado. A prototipação, antes mesmo da materialização, é um dos grandes ganhos que a tecnologia permite.

Em uma missão ousada, a 8i desenvolve soluções holográficas para conectar pessoas e hologramas em uma coexistência mútua. O Holo app é um dos desenvolvimentos que basicamente permitem a inserção de hologramas em tempo real quando tiradas fotos ou gravados vídeos.

Nessa mesma trilha, a Universidade de Tóquio desenvolve pesquisas cujo objetivo é tornar hologramas palpáveis. Por meio de energia ultrassonográfica é possível a interação entre objetos reais e seus clones.

A Apple investe fortemente em realidade aumentada por meio do *smartphone* iPhone, que vem evoluindo a cada modelo. O modelo mais recente permite, por meio da calibragem precisa das câmeras, giroscópio e acelerômetro, uma maior precisão para interação com objetos virtuais no mundo real. É possível, por exemplo, medir a distância ou as dimensões de objetos.

As realidades virtual e aumentada já estão presentes na maioria das grandes escolas pelo mundo, e a tendência é aumentar a passos largos.

Contribuindo com essa tendência de grande potencial, já existem diversas instituições de ensino investindo na entrega de formação para profissionais que queriam entrar nesse universo altamente promissor. Os profissionais estão sendo capacitados para dominarem o fundamento de *design*, programação e interface, desenvolvendo aplicações que vão desde desenvolvimento de jogos e educação até propaganda, *marketing* e cinema.

As realidades aumentada e virtual têm desafios imensos na educação, que vão desde a otimização dos óculos até a aceitação de todos os envolvidos, pais, familiares, professores, gestores educacionais, embora os jovens supliquem por soluções disruptivas dentro da educação.

Data science

Todos os dias, por diferentes fontes, milhões de dados são gerados por segundo, possibilitando às organizações reunir informações que as auxiliem no processo de tomada de decisão e no conhecimento de seu cliente, incluindo necessidades, expectativa, grau de satisfação e comportamento futuro.

Nesse contexto, a organização que, por meio de dados, consiga gerar valor agregado a seus produtos e serviços terá em relação às outras organizações uma vantagem competitiva que pode se tornar determinante na sua manutenção no cenário econômico.

Em momentos de reclusão, a população gera ainda mais dados, e os alunos também! Imagine que com o ensino presencial tradicional muitos dados não são captados porque os alunos fazem suas interações verbalmente. Quando se vai para um ambiente virtual de aprendizagem, praticamente tudo pode ser captado e transformado em informação. Desde os comentários no *chat* e postagens de trabalhos até a expressão facial dos alunos e educadores podem ser armazenados para que transformem mais tarde, ou em tempo real, em informações relevantes.

Um sistema computacional baseado em *machine learning* pode interpretar a satisfação do aluno em estar participando de uma aula remota e indicar esse índice de satisfação ao professor, que poderá incrementar mudanças em sua *performance*, visando aumentar a satisfação de sua aula. Tudo isso em tempo real e de forma natural.

O desafio é grande na geração de informações relevantes a partir de dados, pois eles têm origens diversas. É nesse ecossistema que surgem as ferramentas de *data science* (ciência de dados), que possibilitam às escolas extrair dados de diversas fontes e transformá-los em informações relevantes.

Um ambiente de *data science* eficiente permite transformar dados brutos em dados relevantes, precisos e úteis, ajudando ainda o gestor educacional a convertê-los em informação de qualidade para análise ou tomada de decisão.

É necessário que as escolas estejam à frente das tendências e dos indicadores do mercado, bem como antever as necessidades e os anseios de seus alunos e pais. Para esse desafio, as escolas precisam contar com um sistema de *data science* altamente eficiente e atualizado com as novas tecnologias, pois aquelas que reagem mais rapidamente às alterações do ambiente educacional têm mais chances de sobreviverem no mercado, que deverá ser outro após a pandemia.

Os sistemas eficientes de *data science* podem trazer ganhos significativos para as instituições de ensino:

- possibilidade de reconhecer, criar, organizar e utilizar informações ocultas dentro das escolas: muitas vezes, o gestor escolar não tem ideia da quantidade de informações relevantes espalhadas e ocultas dentro da escola e, atualmente, nos ambientes virtuais de aprendizagem. Com um sistema inteligente eficiente instalado, todas essas informações podem ser reconhecidas, organizadas e apresentadas para os tomadores de decisão, além de poderem servir de apoio para avaliação de alunos;

- condição de antecipar-se às mudanças: prever novas tendências dentro da educação é um grande desafio. A velocidade no lançamento de um novo serviço ou metodologia pode ser o ponto crucial para uma escola se tornar referência no mercado ou não. Atualmente, se a escola for lenta nas tomadas de decisão pode encontrar sérios problemas de sobrevivência;

- possibilidade de ampliar o conhecimento sobre a escola: é possível encontrar gestores educacionais que não conhecem totalmente o seu negócio, os seus alunos, os pais e familiares e até seus professores, muitas vezes por conta da falta de informações fidedignas, claras e objetivas. Os sistemas de *data science* podem apresentar um raio X completo e preciso de todas as operações e processos educacionais;

- aprendizado pelo sucesso e falhas internas e dos concorrentes: atualmente, aprender com casos reais é altamente positivo dentro do mundo educacional, pois se diminui a morosidade implementada em aprendizados teóricos, partindo para uma agilidade gerada por aprendizados reais. O aprendizado baseado em casos reais é altamente benéfico no mundo educacional e o *data science* pode colaborar para esse aprendizado;

- planejamento estratégico mais amplo e eficiente: planejar estrategicamente com impacto relevante a curto e médio prazo deveria estar presente nas mesas de todos os gestores educacionais, mas não é o que se verifica no dia a dia acadêmico. Os sistemas de *data science* podem incentivar os gestores a desenvolver suas estratégias.

No mercado estão disponíveis diversas ferramentas de ciência de dados:

- IBM Watson Analytics: a plataforma da IBM possui um poderoso aliado que é o sistema computacional cognitivo Watson. Além da interpretação de linguagem natural, o IBM Watson Analytics tem um dos mais eficientes sistemas preditivos do mercado, conseguindo prever, por meio de seu *machine learning*, o comportamento futuro dos dados. Esse recurso proporciona ao gestor tomadas de decisão altamente eficientes dentro do mundo corporativo;

- Power BI: a Microsoft desenvolveu um ambiente bastante rico em ferramentas de análise de negócios que disponibiliza *insights* para toda a organização. Atua com centenas de fontes de dados, simplificando a preparação dos dados e conduzindo a análise e tomada de decisão. Produz relatórios com *layout* amigáveis e de fácil compartilhamento entre os envolvidos, além da opção de criar painéis personalizados com exibição exclusiva e completa dos negócios para os colaboradores, prometendo alavancar governança sem se descuidar da segurança das informações;

- Tableau: foi eleito pela Gartner, uma das mais respeitadas empresas de prestação de serviços e pesquisa do mundo, como líder em seu conhecido quadrante mágico de *Business Intelligence* por cinco anos consecutivos;

- **Google Data Studio:** a plataforma do Google é a mais recente de todas as plataformas citadas, porém, possui recursos significativos e tende a evoluir muito nos próximos meses. Consegue se conectar a várias fontes de dados com facilidade, abrindo, assim, o leque de oportunidades de extração de dados de várias fontes dentro das organizações, acelerando também o processo de criação de relatórios e amostras integradas de modelos personalizados. O Google Data Studio tem a capacidade de transformar os dados brutos em relatórios e painéis informativos, bastante amigáveis e personalizados. É possível criar relatórios interativos com os filtros de visualizador e controles de período, incluindo *links* e imagens clicáveis;

- **Adobe Analytics:** a plataforma da Adobe promete uma revolução em inteligência quando se trata de *marketing*. O Adobe Analytics trata a análise de *marketing* não somente em relação aos canais, mas sim como jornadas do cliente dentro dos serviços. Explora e analisa as experiências dos clientes nos canais de distribuição, relacionando os dados com a importância da marca, bem como seus produtos e serviços. Com isso, a ferramenta consegue responder a perguntas importantes na tomada de decisão dentro do *marketing*.

Os conhecidos *Big Data* não param de crescer. A cada minuto produzimos mais informações que o minuto passado, e esse aumento não deve parar. Basta olhar para as redes sociais, a internet das coisas (IoT), os *gadgets*, os sensores, enfim, tecnologias que estão invadindo nossas empresas e lares e alimentando os grandes bancos de dados.

Todas essas variáveis fazem da análise preditiva um grande diferencial nas tomadas de decisão, pois podem determinar padrões de dados para prever resultados e tendências futuras, podendo ser aplicada em qualquer área da economia.

O que se pode aprender com tudo isso?

As escolas foram bruscamente obrigadas a abandonar o modelo tradicional de aulas e partir para um modelo que para muitos educadores era totalmente desconhecido. Esse mergulho no desconhecido foi compartilhado com alunos e pais que tiveram que se reinventar em meio aos seus problemas pessoais.

Pais e familiares tiveram que improvisar salas de aula, compartilhar equipamentos, ser os tutores e até professores de seus filhos e ainda dar conta das atividades profissionais e do lar. Do outro lado, os professores foram obrigados a adquirir habilidades e competências de *youtubers* para conseguir um pouco de audiência.

Muitas escolas se viram em uma situação inédita de não saber o que fazer. Instituições de ensino centenárias foram obrigadas a assumir que estavam com dúvidas sobre como prosseguir no momento de isolamento social. Sem mencionar as escolas públicas que simplesmente sofreram um apagão.

Mas aos poucos todos foram se encontrando e assumindo os seus papéis para um novo momento. Professores se posicionaram como professores como sempre deveriam ser, inspirando, mostrando caminhos, transmitindo conhecimentos e encantando. A escola iniciou seu trabalho de viabilizar o processo de ensino-aprendizagem, e os pais foram levados a ser pais na essência da palavra.

Mas vamos falar do aprendizado em relação ao processo de aprendizagem. A "educação convencional" que sempre usou de atividades não presenciais como parte de seu programa foi obrigada a adotar totalmente o remoto. Do outro lado, os cursos a distância, que por vez promoviam encontros presenciais, foram obrigados a eliminar todo e qualquer contato físico.

Enfim, experimentou-se um isolamento completo, e as tecnologias entraram fortemente para aproximar a todos em prol de um bem maior, que é a continuidade do processo de aprendizagem dos alunos.

As tecnologias educacionais estão conseguindo aumentar a sensação de proximidade percebida pelos alunos e provando que é possível encontrar um equilíbrio entre presencial e remoto.

Além disso, em decorrência da pandemia, está ocorrendo uma aceleração frenética no desenvolvimento de novos produtos tecnológicos para contribuir com a formação dos alunos. Se neste momento estamos de certa forma gostando das soluções, muito em breve iremos nos surpreender com o que há por vir.

Ainda estamos na curva ascendente de aprendizado em relação às ferramentas digitais. Todos estamos aprendendo a cada dia como fazer uma educação remota de mais qualidade.

Ao assistirmos a inúmeras aulas neste período, pudemos observar a evolução dos professores, que dia a dia se tornavam melhores. A configuração do fundo de tela, a luz, o som, a versatilidade, cada um desses itens foi evoluindo e pudemos ver até verdadeiras produções multimídias com interações.

Do outro lado, pais e alunos nesse mesmo caminho evoluíram na disciplina, na organização, no manuseio da tecnologia, no *upgrade* de equipamentos e banda de internet.

Em todo o nosso percurso na área de educação, que já passa de mais de 25 anos, nunca presenciamos um processo de aprendizagem coletivo tão eficiente envolvendo pais, familiares, alunos, professores e escola. Todos estão de parabéns!

A cada dia, com as interações remotas, professores, pais, familiares, alunos e gestores escolares estão descobrindo os recursos computacionais que estão disponíveis e os que serão lançados.

É nítido que estamos experimentando um *Blended Learning*, uma mistura de modelos de aprendizagem, que harmoniza atividades remotas e presenciais, suportado pela tecnologia, com um aprendizado significativo para todos os envolvidos.

Por que não utilizarmos o que o assíncrono tem de melhor?

Por exemplo, materiais públicos na internet de alta qualidade curados pelos professores, como filmes e documentários, podem ser um excepcional complemento de conteúdo ou até inspiração para um novo conteúdo. Existem diversas organizações sérias e respeitadas que produzem materiais de alta qualidade.

A Fundação Bill & Melinda Gates trabalha com filantropia e pesquisa científica. Fundada em 2000 por Bill Gates, fundador da Microsoft, e sua esposa, a organização alcançou, em poucos anos, sucesso em vários projetos sociais pelo mundo.

Bill e Melinda Gates tiveram a ideia de criar a fundação depois que leram um artigo no *The New York Times* que retratava a pobreza e as dificuldades básicas de muitas pessoas no mundo. O texto mostrava, com estatísticas reais, que muitas crianças ainda morriam de diarreia em países menos favorecidos. Os números chocaram o casal, que ficou estarrecido com o fato de que uma doença relativamente simples de combater era capaz de matar nos dias atuais.

Bill e Melinda, então, iniciaram uma cruzada para combater questões sanitárias no mundo todo. Em relação à pandemia da Covid-19, a fundação já doou mais de 150 milhões de dólares, o equivalente a 785 milhões de reais. Todo esse recurso em prol dos esforços no combate ao coronavírus.

Outro conteúdo assíncrono significativo para o aprendizado é o portal Code.org. Trata-se de um repositório de jogos e desafios voltados para o desenvolvimento do raciocínio lógico-matemático de crianças e jovens.

Code.org é uma organização mundial sem fins lucrativos que tem o objetivo de incentivar, divulgar e ensinar programação a crianças e jovens do mundo todo. O portal pode ser acessado em praticamente todas os idiomas do mundo, inclusive em português do Brasil.

A instituição é financiada pelas principais empresas de tecnologia do mundo e tem seus presidentes como parceiros atuantes no projeto. Um exemplo é o Mark Zuckerberg, fundador do Facebook.

Enfim, as possibilidades assíncronas são infinitas. Com um pouco de dedicação, pais, familiares e professores podem, de forma colaborativa, montar juntos um repositório com inúmeras opções, atendendo a todas as idades e perfis, visando a um aprendizado mais prazeroso.

Então, vamos ao segundo "Por que".

Por que o processo de ensino-aprendizagem não pode utilizar os recursos positivos de uma aula remota ao vivo?

Imagine convidar os jovens de uma escola para uma aula com a participação de jovens da mesma idade de três países diferentes, como, por exemplo, Brasil, Estados Unidos e Nova Zelândia, para falar sobre diversidade ou sobre proteção ambiental.

Por que não conseguirmos que a Greta Thunberg, a adolescente sueca que atua na luta ambiental, fale por 10 minutos ao vivo com os alunos, introduzindo o conteúdo para uma aula presencial do professor de Biologia?

Por que não convidar o matemático brasileiro Artur Avila? Ele foi o primeiro e único, até o momento, latino-americano que conquistou a Medalha Fields, prêmio popularmente conhecido como o "Nobel da Matemática". Ele poderia premiar remotamente os ganhadores das Olimpíadas de Matemática da escola.

As possibilidades são inúmeras quando pensamos que a tecnologia pode aproximar pessoas do mundo todo e até quem sabe do espaço. Esses recursos trazem um acréscimo de qualidade incrível às aulas.

E, por fim, é notório que o ensino presencial tem diversos pontos positivos que precisam ser utilizados no processo de ensino-aprendizagem, principalmente quando o professor diz: "vamos colocar a mão na massa?".

Aulas *hands on*, *maker*, de Química, Física, Biologia, Educação Física e tantos outros componentes escolares necessitam de momentos presenciais para que os alunos possam vivenciar as experiências, sem falar, obviamente, do aprendizado desenvolvido pelo convívio. Nós seres humanos somos essencialmente sociais e precisamos de relacionamento presencial.

Tudo que estamos aprendendo com a crise da Covid-19 promoverá um modelo de aprendizagem que poderá utilizar o que cada forma tem de melhor. Um pouco de presencial com mais uma porção de remoto ao vivo, com uma pitada de aulas assíncronas. Temos todas essas oportunidades para desenvolver formatos de aprendizagem muito mais eficientes e, por fim, abandonar os modelos analógicos.

Acreditamos que com o auxílio da tecnologia novas formas de ensinar e aprender serão introduzidas na nova sociedade que irá surgir. As exatidões serão mais subjetivas e o subjetivo será mais palpável, já que muitos paradigmas cairão por terra.

O próprio termo "ano letivo" fica subjetivo quando falamos sobre "tempo". O aprendizado é um processo que deve acontecer naturalmente, e pode ocorrer que esse ano letivo que sempre existiu tenha que ser reorganizado em etapas de aprendizado.

Carga horária e conteúdos poderão ser termos totalmente substituíveis após nos darmos conta de que o aprendizado realmente significativo não necessita de contagem de horas ou de provas que o avaliem quantitativamente.

Sendo assim, as metodologias ativas associadas à inteligência artificial, ao *machine learning*, à realidade aumentada e a outras tecnologias podem ser o caminho para que os alunos, juntamente com os educadores, encontrem um novo rumo para a educação. Como, por exemplo, um professor que consiga implementar um *chatbot* para responder a perguntas simples em qualquer horário e dia. Ou aquele professor que envia antecipadamente aos alunos vídeos divertidos ou até memes para introduzir um conteúdo complexo. Ou, ainda, os pais ou familiares que indicam um jogo da internet para auxiliar os filhos na compreensão de um assunto. Enfim, são práticas relativamente simples que educadores, pais e familiares podem ter para contribuir com o aprendizado das atuais gerações.

O ser humano está em constante aprendizado e, consequentemente, em constante mudança e evolução. Uma pandemia pode trazer à sociedade os questionamentos necessários que, em alguns casos, a rotina não permite.

Wrap up - Para concluir

Aprendemos que é possível reinventar a educação e levá-la a outro patamar com o uso das tecnologias exponenciais já disponíveis, basta apenas que todos nós não tenhamos receio do desconhecido.

Aprendemos que as novas gerações suplicam por uma educação digital e não mais analógica. As crianças e os jovens de hoje são nativos digitais, e o esforço para que eles aprendam com modelos ultrapassados além de imenso, é, em muitos casos, em vão. Simplesmente o aprendizado não acontece ou o aluno sai em busca de outras fontes de conhecimento que não é a escola.

Aprendemos que as tecnologias estão disponíveis e que podem ser implementadas de forma gradativa, porém, constante, para uma educação atualizada com o ecossistema em que vivemos.

Aprendemos que a tecnologia é um meio, uma grande aliada, uma ótima ferramenta para que todos nós, pais, familiares, professores e alunos, possamos desenvolver mais habilidades e competências para a vida na qual estamos inseridos.

Aprendemos que a educação deve fazer sentido para a vida do aluno, para que ele seja mais feliz, para que realize seus sonhos e se torne um cidadão atuante para um mundo melhor.

Aprendemos que avaliar não deve significar punir ou rotular. Cada um de nós tem seu tempo, seus desejos, suas aptidões, suas deficiências. E, por sermos únicos, temos o direito de escolher jornadas únicas, e não padronizadas.

Aprendemos que a rotina traz acomodação, falta de questionamentos e nos deixa, em muitos casos, inertes. E que, apesar de toda tristeza, dor e sofrimento, a pandemia da Covid-19 nos ensinou que podemos fazer melhor e mudar a educação.

E, por fim, aprendemos que o caminho de retomada das atividades acadêmicas sem as barreiras impostas pela pandemia irá requerer de todos nós, pais, familiares, alunos, educadores e gestores escolares, grandes esforços, resiliência e persistência em prol de uma aprendizagem significativa.

CAPÍTULO 5

Tendências para o futuro:
o "novo normal" que desejamos

Pedro Marques Lopes Pontes[30]

Havia se passado duas semanas de confinamento. Em casa, com minha filha, Mariana, e minha mãe, de 79 anos. Mariana tem a saúde ótima. Com 13 anos completos no início da pandemia, ela raramente fica doente. Gripes e resfriados são raros para ela. Quando eu soube que o coronavírus tem baixa incidência de casos graves em crianças, fiquei bem mais tranquilo. Porém, ainda havia a preocupação com a minha mãe. Apesar de ter a saúde ótima também, não poderia se expor ao risco de contato com o novo vírus, altamente contagioso e letal para idosos. Fiquei extremamente preocupado.

---

[30] Pedro Marques Lopes Pontes é engenheiro e executivo da Accenture, empresa multinacional de consultoria e tecnologia da informação, atuando como responsável pela prática de consultoria na indústria de educação e pelo relacionamento e desenvolvimento de negócios com organizações educacionais públicas e privadas, junto a instituições de Ensino Superior, Médio e Fundamental, além de instituições sem fins lucrativos, ONGs, fundações e institutos. Ao longo dos mais de 20 anos de atuação, foi responsável pela condução de projetos de planejamento estratégico de instituições de ensino, construção da estratégia digital e de execução da transformação digital em grupos educacionais no Brasil, envolvendo redesenho da experiência do aluno e do professor, construção de modelos de operação e cultura organizacional digital. Sua formação inclui Engenharia Mecânica pela PUC-Rio, com MBA na COPPE/UFRJ, e Cursos de Extensão na Columbia University (Nova York).

Antes do início do confinamento, estávamos em Porto Alegre, no Rio Grande do Sul, cidade natal da minha mãe, para o casamento de um primo. Participamos da cerimônia já abalados com as notícias que vinham de diversas partes do mundo sobre a pandemia da Covid-19. De volta para casa, ao pousarmos no Rio de Janeiro, iniciou-se, então, o que se chamou de quarentena. A partir desse momento, ninguém mais podia sair de casa, lojas foram fechadas, escolas, *shoppings* e locais públicos tiveram suas atividades suspensas e a circulação de pessoas foi interrompida. Nunca tinha visto isso antes. O mundo parou.

Foi aí que começamos a dimensionar o que estava acontecendo. Fomos nos dando conta da mudança, do tamanho da ruptura que essa doença nos impunha. No entanto, naquele momento ainda não fomos capazes de perceber a dimensão da transformação que estava por vir.

Pensei em meu dia a dia, na minha rotina de voos semanais a trabalho para São Paulo, Curitiba e Recife. De repente, estava trancado em casa, já há semanas, e com notícias de continuidade do fechamento completo, por prazos cada vez mais longos. Foi inevitável, os questionamentos começaram a surgir: por quanto tempo ficaremos isolados em casa? Quando voltarei ao convívio e às atividades usuais de trabalho? Como será o ano letivo da minha filha? Será que as aulas voltarão em tempo de retomar as atividades e estudos ou será que ela – assim como todos os demais alunos– irá perder o ano letivo? Será que a escola dela terá alguma proposta alternativa para esse cenário? Daqui a quanto tempo voltaremos à vida normal?

Quando pensei em "normal", percebi o risco: será que teremos de volta o que considerávamos até então normal? Será que continuaremos a ver o mundo da mesma forma? Continuaremos a interagir com ele da mesma maneira? Será que o mundo vai mudar para sempre?

Decidi, então, debruçar-me sobre artigos e pontos de vista de pensadores e estudiosos da nossa história, pois muitas respostas sobre o futuro podem ser encontradas em nosso passado. Notei que, na realidade, a humanidade já viveu muitos momentos de ruptura, mas poucas vezes associados a uma pandemia. Eventos dessa natureza haviam se tornado quase que irreais, inimagináveis, nos dias atuais, tendo em vista que a única pandemia da história recente ocorreu há muito tempo, em 1918, a conhecida "gripe espanhola".

Naquela época, ao final da Primeira Guerra Mundial (1914-1918), não havia informação suficiente ou possibilidade de realizar rastreamento de doenças ou análise viral, RNA (sigla para ácido ribonucleico, uma macromolécula essencial para várias funções biológicas), ou qualquer conhecimento científico sobre epidemias que permitisse análise mais aprofundada da origem desse tipo de doença. O que se pode dizer é que um vírus, com alta mortalidade e facilidade de disseminação, surgiu em meio às tropas que se concentravam na Europa naquela época e, por suas características, espalhou-se rapidamente entre os combatentes de algumas regiões da Europa, principalmente na Espanha. A movimentação das tropas pela Europa e, mais tarde, o retorno dos soldados aos seus países provocou a disseminação global do vírus, infectando aproximadamente 500 milhões de pessoas no mundo e levando a óbito entre 10 e 50 milhões pessoas, número que pode ter sido ainda maior.

Naquele período, a sociedade foi surpreendida pela força e velocidade de um vírus que atingia qualquer pessoa, forçando países a se recolherem, cidades a se fecharem, comunidades a se encolherem e famílias a ficarem em casa. O mundo, que já vinha sofrendo as dores de um dos combates mais duros e sangrentos da história, foi obrigado a se esconder, fugir de si mesmo, temendo um inimigo invisível, que matava as pessoas não com balas ou bombas, mas de forma silenciosa, quase imperceptível, e era capaz de dores tão grandes quanto as causadas pelos intensos combates que os jovens experimentavam no campo de batalha.

Até 1918, o futuro era muito certo. Não se tinha dúvidas de como seria a vida dali em diante. A rotina das cidades era limitada, o urbanismo estava começando e a forte relevância da economia de agricultura trazia estabilidade e clareza para o mundo. Com a Grande Guerra, tudo começou a mudar. As sociedades foram levadas a construir uma nova realidade, com a força da industrialização e modernização advinda do desenvolvimento científico e tecnológico que sempre acompanha os grandes períodos de guerra. Simultaneamente, surgiam o petróleo, a luz elétrica, o carro e tantos outros inventos, que acabaram por modelar uma nova sociedade, um novo mundo que transformou as cidades, trouxe modernização e industrialização, movimentou sociedades e acabou por formar muito do que se viveu ao longo do século XX.

Já no século XXI, vivemos em uma sociedade transformada. Temos absoluta confiança nos recursos tecnológicos que surgem a todo momento e estão pelas ruas, em nossas casas e em nossas mãos. Percebemos e consumimos tecnologia como água, e ela faz parte de nossas vidas como alguém com quem sempre podemos contar.

Porém, mesmo com tantos avanços tecnológicos na área da medicina, com o desenvolvimento de fármacos, mapeamento genético, pesquisas e estudos sobre o funcionamento das mais diversas doenças, experimentamos um novo evento de dimensões inimagináveis para a maior parte de nós, e fomos forçados a nos recolher, com medo do silêncio, temendo as sombras e nos acostumando a um convívio limitado a alguns metros dentro de nossos apartamentos e casas. Subitamente, fomos obrigados a nos adaptar a uma nova realidade. E é nesse mundo que nos encontramos: eu, minha filha e minha mãe.

É possível entender que estamos vivemos uma ruptura tão grande quanto as grandes guerras. De um dia para o outro, tivemos que nos moldar a um cenário de restrições para o convívio social, para o trabalho e a produção, para os estudos, enfim, uma mudança comportamental em nossa sociedade. Todos estamos encarando o enorme desafio de adaptação a esta nova realidade. Um "novo normal", um novo "estado", uma nova forma de viver e interagir, um novo acordo de relacionamento social, em que devem ser priorizadas as práticas que zelam pelo bem comum.

Na realidade, as bases desse novo acordo de convívio estão sendo descobertas em nosso dia a dia, por todos nós. A maneira como estamos nos relacionando, a escolha por não viajar, por permanecermos reclusos por mais difícil que seja, o trabalhar de casa, a forma como realizamos as compras necessárias, enfim, todas as nossas escolhas estão, a cada dia, construindo o "novo normal". Nele, percebemos o mundo sob uma nova ótica, de encurtamento dos horizontes. Curto prazo e longo prazo se confundem. Efetivamente, não é possível prever o futuro distante.

A história mostra que grandes mudanças ocorrem em diversas épocas, trazendo rupturas, desaparecimento de civilizações e criando oportunidades para que novos mundos sejam construídos. Quantas civilizações já desapareceram? Será que a pandemia da Covid-19 nos traz novo desafio de sobrevivência, uma batalha que nos desafia à vitória e à reconquista do nosso espaço como seres humanos no planeta?

Neste cenário, vamos lutar para encontrar um novo equilíbrio, para nossas vidas e para a sociedade. Não haverá o retorno ao antigo equilíbrio. A nova realidade está sendo construída, com novos hábitos e um novo modo de ver o mundo. Também teremos a oportunidade de resgatar hábitos antigos. Não perdemos nossa história, nossa cultura, nossos valores. A ruptura não é definitiva. Mas o período de transição poderá levar meses ou mais de um ano, é impossível prever. Nesse período, uma nova ordem será consolidada em diversos segmentos da economia e da sociedade. Muitas das antigas rotinas serão adaptadas. Dessa forma, em um futuro não muito distante, quando as restrições impostas forem efetivamente abandonadas, nos encontraremos em um novo tempo, que irá mesclar elementos do "novo normal" e do "antigo normal".

Com o passar do tempo e a compreensão da dimensão do cenário – que pode fazer com que a restrição dure por muito mais tempo –, entendemos que o "novo normal" começa a se tornar mais palpável, real. Muitos elementos da vida cotidiana estão sendo questionados, e é necessário abrir mão de muito da nossa compreensão de rotina e convívio como tínhamos anteriormente.

Passeios ou convívio em locais fechados tornaram-se restritos e questionáveis. Atitudes e situações simples, como usar o elevador ou cruzar com pessoas em corredores, requerem atenção e cautela. Não temos tranquilidade em abrir portas, tocar em superfícies ou pegar objetos. O contato físico tornou-se raro e limitado, algo de difícil compreensão para nossa cultura brasileira de abraços e demonstrações de afeto de forma física e intensa.

Sentimos falta do contato físico. O contato presencial, que na cultura latina é uma característica inegável, foi-nos tirado, tolhido, suprimido do dia a dia no "novo normal" em construção, levando-nos a transformar gradualmente os comportamentos e a revalorizar o contato e o que ele representa: abraço, aperto de mão e beijo como demonstrações de afeto, carinho e proximidade. O contato humano tornou-se mais valioso, em todos os sentidos. Nossos bens mais preciosos são, muitas vezes, compartilhados com os mais queridos, com cautela e seleção. Da mesma forma, seremos muito mais cautelosos em estabelecer contato físico tradicional em nossa cultura.

O novo contexto em que estamos inseridos nos leva a ver o mundo de uma nova forma, mais cautelosa, cheios de receios e preocupações. Levar álcool em gel nas bolsas e mochilas e usar máscaras de proteção para interação social, mantendo a distância, tornou-se usual e obrigatório. É estranho e não aceito aquele que não demonstra cuidado com o próximo e a sociedade. Mudamos, e esperamos que a sociedade demonstre essa mesma preocupação com o convívio, para que o mundo volte, logo que possível, a um "normal" ao qual estamos mais acostumados.

A pandemia tem evidenciado que nossa existência está em risco, que nossa realidade é frágil, que um vírus invisível pode nos tirar quem somos, nossos familiares e nossos queridos. Mas, nesse estado de defesa e incertezas, temos a oportunidade de valorizar o que é mais importante: a família, as amizades, as relações que nos fazem ser quem somos. Procuramos defender a nós e a nossos entes queridos. Com o afastamento e o distanciamento físico, houve a aproximação emocional. De dentro de nossas casas, temos apoiado uns aos outros utilizando as ferramentas digitais. Todos estamos tendo a chance de ressignificar a nós mesmos. Revisitamos valores, prioridades, atenção. O supérfluo perdeu relevância ante a saúde de nossos familiares. As pequenas compras não são mais tão importantes diante do cuidado com filhos, pais e familiares. Os pequenos encontros virtuais para conversas com amigos se tornaram imensamente valiosos, momentos que nos fazem reabastecer a alma com sanidade, equilíbrio, leveza e carinho, tão fundamentais para um período de tanto aprendizado e mudanças.

A sociedade em um novo contexto

Acostumar-se a uma nova rotina de quarentena não é fácil. Percebemos, aos poucos, como pequenas atitudes são questionadas e nos pressionam a mudanças de comportamento. Tirar o lixo, receber correspondências ou fazer compras. Mesmo as ações mais comuns e rotineiras tornam-se limitadas. Quando é inevitável sair de casa, nos preocupamos com o contato físico. Evitamos proximidade e interação ao máximo e, quando necessário, avaliamos e observamos todos os movimentos, de forma a não se expor ou tocar em superfícies, e naturalmente fazemos imediatamente a limpeza das mãos. A higiene pessoal nunca foi tão intensificada, segundo alguns, até além do razoável, apesar de não sabermos ainda muito bem o que é ou não razoável neste "novo normal" em construção.

Convívio e aspectos socioeconômicos

Nota-se que o principal foco da mudança das sociedades será no consumo de bens e serviços. O comércio e a economia estão sofrendo com a redução da atividade econômica em todos os setores, agravada pelo aumento do desemprego e de redução de renda. Com isso, as pessoas, individualmente, e as famílias passaram a reavaliar seus gastos. Muitos hábitos de consumo têm sido revistos. Supérfluos são cortados, impondo às famílias o consumo do essencial e estabelecendo como rotina a busca pelo menor preço. Restrições tornam-se parte do cotidiano, limitando-nos ao essencial para o dia a dia. Com toda essa mudança, nossos valores passarão por uma reanálise profunda E, com isso, veremos um "novo normal" de opções mais sólidas, conscientes e essenciais.

O distanciamento físico e social é sentido na sociedade. Quando locais públicos são fechados ou têm circulação limitada, ocorre a redução de consumo, que provoca, de outro lado, significativa redução de atividade econômica. Nesse movimento, o impacto no dia a dia vai muito além do visível. A simples redução de circulação em lojas, na feira ou no mercado acaba por provocar a ruptura do modelo de consumo presencial. As pessoas começam a descobrir que podem consumir os mesmos bens utilizando outros meios. A economia digital se fortalece, fazendo com que os recursos de compra *on-line* se tornem uma importante alavanca para reduzir a exposição e permitindo, ao mesmo tempo, que se mantenha a atividade econômica, tão importante para a nossa sociedade. No entanto, no modelo digital, a empregabilidade se desloca, reduzindo a necessidade de atuação de vendedores nos estabelecimentos físicos, tão frequentes e comuns até antes da pandemia. Passam a ser requisitados profissionais especializados em potencializar vendas por meio de recursos digitais, como publicação nas mídias sociais ou criação de aplicativos de celular para *e-commerce*.

Temos sido levados também a reavaliar muitos dos hábitos das metrópoles. Frequentar *shoppings*, cinemas e restaurantes torna-se questionável. Mesmo depois que tudo passar, muito provavelmente evitaremos lugares fechados, limitando a nossa interação com pessoas e buscando o distanciamento físico como cuidado quase automático e involuntário, tão imediato e imperceptível quanto respirar e caminhar. Não nos sentiremos mais à vontade com muitas pessoas a nossa volta. O consumo de produtos em locais físicos será uma preocupação frequente, mesmo que se diga que esse tipo de contato não gera a efetiva disseminação do vírus. Certamente, nosso comportamento mudará e não será tão fácil interagir em momentos simples e rotineiros. Pegar em um livro, fazer um lanche na rua ou simplesmente segurar uma sacola são atitudes que exigirão cuidados adicionais e, por conta disso, muitos de nós passarão a evitá-las.

A mudança de comportamento no convívio social irá além, nos fazendo rever as formas mais básicas de interação. Encontrar pessoas na rua não será mais confortável. Entrar no elevador com outras pessoas será evitado. Até os cumprimentos mais comuns, como o abraço ou um simples aperto de mão, deixarão de existir, sendo substituídos por simples olhares de afeto e demonstração distante de carinho e preocupação. Subitamente, notaremos uma radical inversão de comportamentos e demonstrações de afeto. No "novo normal", ficar distante, não abraçar, não tocar, são demonstrações de carinho e cuidado com o próximo. Somos levados a escolher os momentos e as formas de contato. Ao mesmo tempo que nos distanciamos do coletivo, do movimento das ruas ou dos ambientes fechados e com muitas pessoas, procuramos tomar todas as precauções para nos encontrarmos com segurança com as pessoas que nos trazem conforto.

O "novo normal" nos impõe desafios. A maioria de nós se acostumou a estar em casa. O retorno gradativo ao convívio social está ganhando um novo formato e requer de nós adaptações no modo de conviver e interagir. Nos estabelecimentos comerciais físicos, o comportamento dos vendedores e dos clientes será diferente do costumeiro até antes da pandemia. Possivelmente, poderemos circular e escolher produtos com mais autonomia, sem a presença constante de um vendedor ao nosso lado. Mas isso pode dizer também que tais comércios diminuirão seus quadros de funcionários.

Essa nova realidade está forçando as pessoas a buscar criatividade e inovação para recomposição de receita. Uma enorme diversificação de serviços já tem sido vista, em geral digitais, ou sustentados pelo digital, como as redes sociais, criando nichos de atuação pela iniciativa individual, demonstrando que o empreendedorismo pode se tornar uma grande alavanca de retomada econômica.

Para apoiar esse movimento, observamos alguma flexibilização em regulação e legislação, oferecendo novos espaços para atuação de *startups* e pequenos negócios, como *call center* em modelo *home office*, entre outras modalidades. A consolidação do modelo de atuação e trabalho remoto já é visível, e tende a trazer, cada vez mais, grandes oportunidades para profissionais de diversas áreas, como *designers* e profissionais da saúde, até a criação de um novo nicho em consultoria para muitos segmentos particulares, como arquitetos, cozinheiros, estilistas, entre outros.

O segmento da saúde é um caso particular. É visível a valorização do profissional, ao menos durante o período de crise. Espera-se que essa valorização se mantenha, não apenas com o respeito e a remuneração adequada dos serviços, mas com a diversificação de canais e mecanismos de atuação, que aproximam ainda mais esses profissionais de seus pacientes.

Temos dificuldade em compreender que o mundo pós-pandemia será diferente. Há muitas dúvidas sobre quanto tempo o novo modelo irá perdurar. Será que vamos manter o distanciamento social como uma nova prática e novo modelo de interação? Será que o cuidado com o contato físico será definitivo em nossa sociedade?

Este momento de ruptura provoca, de fato, mudanças em nosso comportamento e em nossa forma de interação, por força da insegurança que se torna generalizada e pressiona nossos instintos. No entanto, essa mudança não vai ocorrer apenas em situações corriqueiras, como a ida ao mercado ou a lojas. Neste "novo normal" em construção, redefiniremos o futuro do relacionamento e do convívio em sociedade. O mundo passa a entender a fragilidade do ser humano e exige de nós que nos adaptemos a novas formas de interação.

Certamente, veremos uma enorme ruptura com nossa visão antiga de "normal". As cidades serão transformadas. Nós nos adaptaremos ao uso obrigatório de máscaras de proteção em qualquer lugar, o convívio será repensado, reduzindo significativamente o número de pessoas nas ruas e trazendo para o mundo digital uma intensidade jamais vista de interações e serviços. Talvez, por algum período ainda tenhamos receio de participar de protestos, espetáculos, festas ou eventos.

A empatia como elemento essencial no "novo normal"

Estamos vivendo um reinício. Um momento em que se deve buscar colaboração. Agir com verdadeira empatia precisa fazer parte do nosso dia a dia. Entender o contexto e o cenário daqueles que vivem à nossa volta torna-se fundamental, não apenas para que possamos exercer nossa natureza humana, mas também para que colaboremos na manutenção da sociedade e da comunidade na qual vivemos.

Ao cuidar das pessoas, nossa humanidade é fortalecida. A nova realidade nos relembra que somos todos iguais e nos traz a responsabilidade de cuidarmos uns dos outros, entendendo os desafios e as dores do indivíduo. É urgente compreender que cada um de nós é um elemento fundamental do coletivo, dessa orquestra que precisa estar em sintonia para que todos possam viver no que chamamos de sociedade. Empatia torna-se um comportamento não só necessário, mas esperado e essencial. A pandemia da Covid-19 nos desafia a demonstrar amor, solidariedade e compaixão.

O novo cenário exige de todos nós, mais do que nunca, um olhar de compreensão. Relacionamentos precisam ser reconstruídos sobre essa base. É preciso admitir que cada lar, cada família, cada pessoa teve suas lutas neste período, não apenas você. Alguns passaram por sofrimentos terríveis como a perda de entes queridos, outros passaram por dificuldades diversas, e cada um tem um modo de lidar com a dor. Estamos todos nos redescobrindo e tentando encontrar a melhor maneira de passar por tudo isso.

Como dito anteriormente, as restrições que vivemos nos impõem desafios. Temos a opção de nos curvar a eles ou podemos superá-los. Encontrar novos caminhos para contornar as dificuldades, aprender a eliminar o supérfluo, ser mais compreensivo consigo mesmo, sentir prazer nas coisas simples, resgatar nossa alegria no dia a dia são fatores fundamentais.

A nova realidade para a qual nos dirigimos a passos largos trará mudanças significativas na economia, forçando-nos a um novo equilíbrio e novas prioridades, transformando a forma como interagimos, exigindo um novo olhar sobre o trabalho e a vida pessoal e colocando a sociedade diante das maiores prioridades: Saúde e Educação.

O mundo será direcionado e sustentado por novas tecnologias, e boa parte desse investimento será voltado não apenas para a construção de soluções de telemedicina ou desenvolvimento de vacinas, mas também para tecnologias de controle e apoio em escala à sociedade.

A Saúde Pública voltará a ser a grande prioridade dos governos, fortalecendo o papel do Estado no desenvolvimento da nova sociedade. Após vivenciar uma pandemia em meio à economia moderna, o mundo buscará formas de trazer respostas e sustentação à sociedade. Novos modos de organização devem ser encontrados. É possível que, semelhantemente ao que ocorreu nos mercados financeiros globais após a grande crise financeira de 2006 a 2008, criem-se mecanismos, instituições e monitores da economia a fim de dar visibilidade, antecipação e sustentação à sua sobrevivência. Da mesma forma, organismos globais de saúde deverão criar ferramentas para monitorar, planejar e suprir as diversas nações em situações de emergência e tentar evitar que novos eventos similares ao que estamos vivendo voltem a ocorrer.

Os investimentos em pesquisa médica estão se tornando relevantes como nunca antes na história da economia moderna, trazendo um novo equilíbrio para os mercados. Empresas farmacêuticas saem em corrida frenética pelo desenvolvimento da vacina, recebendo investimentos inigualáveis e inimagináveis no mundo pré-pandemia. Além disso, a busca pela cura rompe os limites de empresas e governos, trazendo um novo significado para a palavra "colaboração". Desenvolvimento integrado, compartilhamento de capacidades e resultados, integração de recursos e estratégias tornam-se intensos e vitais. A percepção de que o mundo espera pela descoberta da cura traz motivação para os profissionais envolvidos e cria espaços nunca antes imaginados para esforços conjuntos.

Os modelos econômicos estão sendo desafiados no "novo normal". É preciso entender que, se há um "novo normal" em construção, a realidade, de fato, mudou. O mundo como conhecíamos até antes da pandemia não existe mais e pode ser que algumas mudanças sejam definitivas, tanto comportamentais, econômicas e políticas quanto sociais.

Nota-se que a retomada das atividades econômicas tem sido priorizada especialmente por dois fatores: o impacto econômico da atividade em questão e a capacidade de oferecer o distanciamento social necessário no novo cenário. Com isso, alguns negócios sofrem mais que outros para encontrar uma forma de retomar suas atividades. Enquanto templos religiosos, lojas e agências bancárias encontram um caminho para o distanciamento seguro, limitando o número de pessoas, restringindo os locais de permanência e direcionando a circulação, outros negócios, como pequenos restaurantes ou salões de beleza, têm, por natureza, mais dificuldade em viabilizar requisitos mínimos, como a distância de 1,5 m entre pessoas (como cortar o cabelo a essa distância?) ou segurança na limpeza de talheres e utensílios.

No "novo normal", somos forçados a levar a incerteza ao seu extremo. Não existe previsão de futuro. Não existe planejamento. Vivemos um período no qual a incerteza torna-se a única realidade, no qual as decisões de hoje são as únicas decisões válidas, no qual passamos a valorizar os momentos imediatos. Nesse contexto, passamos a refletir sobre nossos valores e somos chamados ao resgate do que nos faz humanos.

Observamos que este período que estamos atravessando impõe mudanças a todos, mas nem todos vivem as mudanças da mesma forma. Diferentes classes sociais vivenciam impactos diferenciados da nova realidade. Quanto maior a desigualdade social, maior o sofrimento com o vírus. O impacto social e o futuro não serão os mesmos para os diferentes grupos sociais.

Cabe a cada um de nós agir com empatia, compaixão e fraternidade, para, assim, fortalecer as pessoas, tão machucadas e distanciadas pelas desigualdades sociais. É preciso ainda ir além, assumir o compromisso com a condição de saúde do próximo e zelar com responsabilidade pelos protocolos de segurança e saúde estabelecidos. Fazer a nossa parte pode reduzir significativamente os impactos diretos da pandemia.

Precisamos aprender a colaborar. A colaboração em todos os setores da sociedade se tornará um diferencial e será o maior elemento de fortalecimento das nações no mundo pós-Covid-19.

Com o confinamento, aprendemos a utilizar amplamente os serviços digitais. Muito além de pedir uma refeição ou fazer uma ligação, as ferramentas digitais passaram a fazer parte da nossa rotina, tanto no trabalho, com áudio e videoconferências, quanto no entretenimento e na saúde: treinar, participar de debates ou reuniões, assistir a palestras ou aulas e comemorar aniversários.

A quarentena não criou as ferramentas digitais que permitiram todos esses recursos, mas possibilitou o ambiente para a disseminação intensa dessas tecnologias e de seu aprimoramento e para a incorporação de seu uso no dia a dia. Após a pandemia, muitos desses recursos estarão definitivamente incorporados por nós, mudando a nossa forma de interação.

Com a potencialização dos recursos digitais, o físico não será mais uma barreira. Por exemplo, para visitar um cliente, participar de uma reunião importante ou estar próximo dos colegas de trabalho, muitos profissionais precisavam viajar com frequência. No "novo normal", as viagens a trabalho não irão desaparecer, mas se tornarão muito mais escassas. As empresas passarão a fazer reuniões remotamente. O *home office* será comum e instituído por grande parte das empresas. Aliás, é possível que algumas organizações passem a funcionar totalmente de modo remoto, desocupando seus prédios. Esses espaços possivelmente serão ocupados por serviços e atividades essencialmente presenciais. Muitas lojas mudarão de posicionamento e a forma de interação com o público, passando para o modelo lojas-conceito, no qual o cliente pode experimentar novidades, interagir fisicamente (quando necessário) e fazer a compra, que, muitas vezes, já será automaticamente direcionada para serviço *on-line*, com entrega em modelo *delivery*.

Papel dos governos e atuação política

Um dos impactos mais fortes da mudança de comportamento no "novo normal" está na própria estrutura e funcionamento da democracia, e os governos têm o papel de exercê-la por nós e conosco.

A democracia tem como pilar principal o povo como o líder. Nesse modelo de governo, o povo tem o poder fundamental e central e elege representantes que têm o dever de legislar em seu lugar, zelando por seus interesses, seja por meio da criação de leis, seja pela tomada de decisão sobre investimentos e uso dos impostos recolhidos do povo.

O modelo de governo proposto pela democracia mostrou-se sólido e acabou por ser adotado pela grande maioria dos países do mundo. Os mecanismos de eleição e seleção de representantes do povo tornaram-se rotina nas sociedades e foram amplamente disseminados como uma referência a ser seguida.

No contexto atual, com as restrições para o convívio e a presença física, a imposição de distanciamento social e os limites à agregação e aglomeração de pessoas, somos forçados a buscar alternativas para a representação política e atuação dos governantes diante das nossas necessidades individuais. Com o fortalecimento de plataformas digitais de comunicação, incluindo recursos cada vez mais avançados de autenticação que comprovam sua identidade, como a Carteira de Identidade Digital ou o CPF Digital, será possível a identificação individual imediata de cada um dos cidadãos, permitindo que, virtualmente, você não apenas acompanhe, como se faz hoje, os debates sobre projetos de lei, votações e estudos em temas de legislação ou regulatórios dos seu interesse, mas também se posicionar, votando sobre os temas que lhe interessem, sem sair de casa. Assim, a representação política passará a ser revista, perdendo espaço para a representação direta digital, por meio da qual os cidadãos poderão acompanhar, intervir, participar e votar não somente em eleições para representantes, mas também em discussões e debates de quaisquer temas de seu interesse.

Mobilidade e fronteiras

Muitos países fecharam totalmente suas fronteiras durante o período mais intenso da pandemia. É provável que ocorram mudanças radicais nas políticas de movimentação de pessoas, visitas e turismo em diversos países, estados e cidades do mundo, afetando intensamente as economias e transformando a circulação global e vias usuais de trânsito, tanto aéreo quanto marítimo e terrestre.

Com a Covid-19, a mobilidade foi subitamente interrompida. Deslocamentos, em todos os meios, tornaram-se problemáticos. Companhias aéreas têm sido desafiadas a se transformar. A locomoção é questionada. Buscam-se recursos de virtualização dos deslocamentos. O uso de tecnologias de áudio e videoconferência, que já era aplicado parcialmente no ambiente de trabalho, passou a ser incorporado em diversos segmentos da sociedade, inclusive pelas escolas, para aprendizado *on-line*.

Aos poucos, voltaremos a nos deslocar. Para o trabalho, para viajar, para visitar amigos. Porém, nessa nova realidade, os deslocamentos terão um novo valor para nós. Em lugar das viagens aéreas, possivelmente haverá um intenso retorno das viagens de carro. Muitas famílias passarão a optar pelo ambiente seguro do veículo individual para fazer viagens, restringindo a necessidade de interação e contato físico e permitindo o deslocamento seguro de pessoas do grupo de risco.

Aceitar abrir a porta de nossas casas e se aventurar no mundo, mesmo que de máscara, e se locomover pelas ruas, exigirá mais que motivação. Teremos dificuldade em retomar rotinas de passeios. O transporte público continuará sendo utilizado pela maior parte das pessoas, mas o receio permeará a todos. O distanciamento nem sempre será respeitado nesses ambientes, por isso pessoas idosas terão maior resistência em utilizá-los. No "novo normal", evitaremos os meios de transporte usuais e até os deslocamentos. Com a redução de pessoas, os espaços destinados ao deslocamento e trânsito poderão ser ressignificados. É possível que áreas de estacionamento, antes cheias, sejam transformadas em áreas de convívio. O uso de bicicletas e outros meios alternativos de transporte poderá ser mais comum. Nos *shoppings*, a proposta de ambientes abertos, ao ar livre, se tornará mais frequente, buscando oferecer mais segurança e tranquilidade aos visitantes. Todos buscaremos espaços ressignificados.

O "novo normal" e o mercado de trabalho

A pandemia da Covid-19 nos trouxe um grande problema: o desemprego. Com o período de quarentena, a redução econômica se consolidou como recessão e provocou o fechamento de empresas. Muitos pequenos negócios, como as lojas de bairro, tão conhecidas e queridas, que faziam parte de nosso cotidiano, não resistiram. Grandes empresas tiveram que reduzir vagas e adequar seus quadros de funcionários à nova realidade, refletindo a redução significativa de receita. Nessas situações, por não terem alternativa, as empresas acabam desligando profissionais qualificados e valiosos.

Assim, ao abrirmos definitivamente as portas para o "novo normal", veremos um mar de bons profissionais disponíveis no mercado de trabalho, procurando requalificação ou criando sua próxima oportunidade. O número de *startups* e novos negócios crescerá exponencialmente. Muitas pessoas serão levadas a se aventurar por outras áreas, explorando todas as suas competências em busca de uma nova fonte de renda que dê a elas e a suas famílias um novo futuro.

Paralelamente, a oferta de capital para o desenvolvimento de *startups* será muito menor, criando significativa restrição para o crescimento, desafiando ainda mais a capacidade dessas empresas em se desenvolverem.

Mas, nesse contexto, muitas oportunidades virão, aceleradas pelo talento dos profissionais desligados das grandes empresas, que trarão competências e habilidades diferenciadas para o negócio, e não apenas a motivação da inovação. Assim, as *startups* terão enorme força e capacidade de crescimento e desenvolvimento.

Deslocamento em busca de qualidade de vida

A pandemia impulsionou o deslocamento de muitas pessoas para cidades do interior, longe das capitais, em busca de uma forma mais saudável de atravessar o período de reclusão. Enquanto as ruas dos grandes centros urbanos começaram a ficar desertas, as cidades do interior passaram a receber uma grande quantidade de pessoas, onde muitas das quais acabaram se estabelecendo. Esse deslocamento desafia o movimento tradicional e traz para o "novo normal" uma realidade diferente, em que as pequenas cidades, menos movimentadas e mais tranquilas, tornam-se atrativas para começar um novo ciclo de vida.

Percebe-se, então, uma tendência nesse tipo de deslocamento. Muitas outras famílias buscarão no interior a segurança de uma nova vida, longe da enorme exposição ao vírus, com rotinas mais tranquilas e menos intensas, com espaços mais amplos e ar puro, mais contato com a natureza, onde poderão fazer da ruptura imposta transformando as dificuldades e limitações do contexto da pandemia em um momento de oportunidades e reconstrução.

As organizações também têm enfrentado desafios. Como já foi dito, com a necessidade de isolamento social, muitas delas implantaram o modelo de *home office* para continuar operando no mercado; no entanto, outras empresas foram obrigadas a parar suas atividades por completo. Retomar o trabalho presencial também será um enorme desafio, as empresas terão de proporcionar aos colaboradores um ambiente com condições seguras e confiáveis, sem expor as pessoas a situações de risco de saúde. Políticas e procedimentos serão implantados a fim de oferecer essa segurança. Novas rotinas de circulação, procedimentos de limpeza e regras para uso dos espaços comuns serão impostos.

Mesmo com essas possibilidades, muitos profissionais provavelmente não poderão retornar ao modelo antigo de trabalho presencial tão cedo. Talvez pelo impedimento de realizar viagens, como é o meu caso, talvez por receio de se expor ou expor familiares, especialmente do grupo de risco, ou ainda por motivos diversos, muitos profissionais deverão adotar o modelo *home office* como modelo definitivo de trabalho.

Uma vez que a chegada da pandemia da Covid-19 habilitou as empresas ao formato de trabalho remoto e, ao mesmo tempo, seus funcionários sentem-se mais seguros em permanecer reclusos, torna-se intensamente questionado o modelo de moradia nas grandes cidades. Ainda fará sentido se limitar a residir em um pequeno apartamento, no meio de uma grande cidade como São Paulo, por exemplo, vivendo sob a imposição de diversas restrições, tanto de deslocamento, quanto de circulação social, visita a restaurantes e ambientes públicos? Até que ponto a sociedade irá aceitar e se sujeitar a essas limitações, para manter sua posição em uma cidade que oferece tantas opções, porém inalcançáveis?

Será que o "novo normal" não irá criar um movimento de intensa insatisfação e descontentamento com a reclusão e as restrições que acabará por provocar a fuga das grandes cidades, levando indivíduos e famílias a buscarem novas localidades para morar? É provável que sim. Especialmente as pessoas que tenham a possibilidade de acesso remoto ao ambiente de trabalho, por meio de uma boa conexão de internet, devem procurar cidades em que tenham mais qualidade de vida.

Redução da formalidade

Hábitos de contato social sempre estimularam o modo de se vestir das pessoas, de comportar-se e, intensamente, a preocupação com a beleza. Com a ruptura do convívio social, muitos desses hábitos foram abandonados. A interação digital acaba por reduzir as exigências ou expectativas associadas à impressão física, causando redução de formalismos e simplificação de comportamentos usuais do convívio. No trabalho, por exemplo, temos experimentado grande simplificação com as vestimentas para interação *on-line*. Muitas das exigências de formalismo presencial tornam-se menos relevantes, como o tipo de pasta de trabalho que você carrega. Em movimento contrário, outros elementos do convívio tornam-se absolutamente relevantes, e cada vez mais não apenas necessários, mas também inquestionáveis, dentre os quais podemos citar a pontualidade. No mundo digital e principalmente no trabalho remoto não existem o deslocamento, o trânsito ou os engarrafamentos. Imprevistos são cada vez menos frequentes. Isso faz com que as pessoas tenham disponibilidade virtualmente absoluta. Assim, surpreendentemente, temos muito mais facilidade para interação e contato do que tínhamos antes, o que faz com que a aceitação de atrasos ou ausências torne-se imensamente questionável.

Nesse movimento, naturalmente a barreira entre o mundo do trabalho e o pessoal tende a desaparecer. No "novo normal" que está se construindo, teremos como usual realizar uma atividade de trabalho e, entre uma interação e outra, cuidar do filho, trocar uma fralda, dar o almoço ou limpar a casa. A barreira entre o trabalho e a vida pessoal praticamente desaparecerá nessa nova realidade. Assim, nossa rotina de atividades de trabalho poderá ser fragmentada em diversos momentos ao longo do dia, intercalada por atenção à família, à casa ou ao cuidado pessoal. Veremos, assim, o trabalho cada vez mais presente no nosso dia a dia, tornando parte intrínseca da nossa rotina.

Ao mesmo tempo que nos abrimos à integração do lado pessoal com o trabalho, é possível sentir que nossa vida pessoal ganhou espaço. No "novo normal", teremos tempo para cuidar da nossa saúde, de questões pessoais – em casa – e bloquearemos períodos para a nossa individualidade. Criaremos senso de humanismo mais forte, compreendendo que, assim como nós, os outros terão esse espaço. Esperamos que as restrições e limitações impostas a todos pela pandemia e pelo "novo normal" nos façam encontrar mais humanidade e compaixão em nós e nas pessoas à nossa volta.

Papel das tecnologias digitais
no mundo pós-Covid-19

O avanço das tecnologias digitais foi intensificado com a chegada da pandemia da Covid-19. Os recursos tecnológicos tornaram-se vitais para a nossa adaptação no período de quarentena. E eles continuarão ganhando cada vez mais força no "novo normal".

As redes sociais também irão se transformar. Percebe-se a enorme relevância das redes sociais no mundo atual, que será intensificado no mundo pós-Covid-19. O contato e o convívio são viáveis pelo mundo digital. Falamos com nossos amigos e familiares pelos *apps* de comunicação; acompanhamos muitos de seus momentos pelas redes sociais, compartilhando sentimentos de afeição e carinho por meio das curtidas e comentários em seus *posts*. Essas possibilidades criam um pequeno laço de contato emocional, muito além do virtual, que nos ajuda a nos manter conectados aos nossos queridos e nos permite estar mais próximos de quem amamos.

No entanto, as redes sociais também demonstrarão suas fragilidades. O ecossistema de ferramentas e recursos virtuais interligados já é hoje questionado pela falta de privacidade e pouco zelo com os dados pessoais dos usuários, permitindo que nossos hábitos e interesses sejam mapeados, mensurados e monetizados por meio de venda e comercialização das informações de navegação, tempo de visualização e cliques, criando um verdadeiro mercado da personalização. Nesse universo, o ecossistema de recursos se torna um "egossistema" de interesses, como sugere o futurólogo e escritor alemão Gerd Leonhard em sua proposição de futuro,[31] publicada em 25 de junho de 2020. Enquanto algumas tecnologias e empresas digitais vivem a tentação de se tornar "egossistemas", outras redes sociais e ferramentas respeitam a privacidade e entendem que fazem parte de um ecossistema, atuando efetivamente como engrenagens que complementam o funcionamento social e fortalecem a sociedade e o indivíduo.

Em outros setores, o mundo virtual também está sendo fortalecido. Viagens e visitas presenciais continuarão sendo um desafio para grande parte da sociedade, o que dará cada vez mais espaço às tecnologias de virtualização. A realidade virtual passará a se

---

[31] LEONHARD, GERD. *Virtual Keynote @BrazilFuturesSummit 2020 Futurist Keynote Speaker Gerd Leonhard*. 2020. Disponível em: https://livro.pro/nmabfa. Acesso em: 23 jul. 2020.

disseminar com velocidade, buscando suprir enorme lacuna de experimentação e visitação e oferecendo a oportunidade às pessoas de entrarem em contato com outras realidades mesmo sem sair de casa. Os óculos 3D e as tecnologias similares se disseminarão ainda mais, dando a todos, mais especialmente a idosos e pessoas do grupo de risco, a oportunidade de conhecerem o mundo através da tecnologia. Por meio desses recursos, será possível ir a lugares antes inimagináveis de serem visitados, ter experiências visuais, auditivas e sensoriais. A partir daí, poderá então ser criado um novo modelo de visitação, a viagem virtual.

No contexto da pandemia, nota-se a fragmentação da economia global, que vem sendo questionada. O petróleo, por exemplo, sofreu uma queda de valor inimaginável, atingindo seu menor valor na história, chegando a números negativos em alguns casos (apenas possível quando o consumo do produto é tão baixo que o estoque se torna mais caro que a receita obtida pela sua venda).

Muitos elementos do mundo que conhecíamos serão questionados e deixarão de existir. Porém, outros segmentos serão fortalecidos no mundo pós-pandemia, como serviços de saúde e tecnologia relacionada à medicina a distância.

A recessão econômica já se tornou uma realidade. A retração do consumo provocou perdas em todos os segmentos, gerando redução de receita, desequilíbrio financeiro das empresas, resultando em perda de empregos, e, consequentemente, dificuldades econômicas para as famílias.

O impacto da pandemia nas diferentes gerações

A pandemia da Covid-19 desafia a todos em diversas dimensões. Um dos maiores desafios é a necessidade de adaptação à nova realidade e cada geração tem sua capacidade de reagir às mudanças impostas pelo "novo normal". O que se sabe ao certo é que a adaptação é determinante para que o novo modelo de convívio se estabeleça.

Para os jovens, os desafios de transplantar seus relacionamentos para o mundo virtual ocorrem de forma praticamente automática, sem nenhum esforço, uma vez que a grande maioria deles já nasceu totalmente inserida nessa realidade. Eles estão presentes nas redes sociais, onde constroem e mantêm amizades, compartilham seu dia a dia, fazem *lives* com os amigos e com os amigos dos amigos. Os jovens não enxergam o uso de recursos digitais como um desafio imposto pelo novo cenário, mas encaram a existência deles como um alívio neste momento.

Por outro lado, pessoas de gerações anteriores – como a minha mãe – encontram enorme dificuldade de adaptação. A imposição da restrição social do "novo normal", limitando contatos, visitas presenciais, passeios nas praças e caminhadas diárias, torna-se um enorme sacrifício, uma limitação que só é aceita pelo temor em se contaminador com a doença que amedronta o mundo. A troca do contato físico pelo virtual é difícil. A tecnologia já fazia parte da rotina de muitas pessoas das gerações mais velhas, porém, não como algo imposto, muito menos como única opção. Uma vez que o contato fica limitado exclusivamente ao uso do aparelho celular, *tablet* ou computador, por meio de mensagens ou ligações de áudio ou vídeo, cria-se uma sensação, especialmente nos idosos, de aprisionamento, de confinamento. A comunicação digital para muitos é sofrida, mas acaba por ser aceita. Ao longo do confinamento, têm a oportunidade de perceber as facilidades desse tipo de comunicação, o que ajuda a suavizar as restrições impostas pela nova realidade. Porém, o sentimento de privação da liberdade ainda permanece.

Inovação como alavanca na construção do "novo normal"

A inovação, para boa parte do mundo, tem endereço. Silicon Valley, na Califórnia, Estados Unidos, o eixo Tóquio (Japão) – Shenzhen (China), Europa e Israel, no Oriente Médio têm apresentado a maior parte das inovações tecnológicas da chamada Era Digital. Todos os dias surge uma nova tecnologia, um aplicativo que busca facilitar a vida ou um serviço que muda a forma de consumir e interagir.

No início da Era Digital, esses grandes núcleos de inovação tiveram papel fundamental em dar forma às novas tecnologias, como Inteligência Artificial (capacidade de computadores de construir lógicas similares ao funcionamento do raciocínio humano), Internet das Coisas (equipamentos que enviam informações pela internet, sem a necessidade de ação humana), *Machine Learning* (ou aprendizado de máquina, a capacidade do computador aprender sem ser programado de maneira explícita), entre outras, criando aplicações concretas para o dia a dia das pessoas.

No "novo normal", os centros de inovação são novamente desafiados. A meta deixa de ser apenas criar facilidades ou simplificar o dia a dia. Agora, todos precisam da tecnologia e suas inovações para vencer as barreiras do novo contexto de distanciamento e ter meios viáveis de conviver, interagir, consumir, educar e trabalhar.

A inovação é necessária e urgente para nos dar respostas. A forma como vivemos em sociedade e a forma como lidamos com as pessoas dos grupos de risco terão atenção especial. O cuidado com os mais velhos será repensado, buscando oferecer segurança para deslocamento e convívio. Não poderemos manter os idosos em casa indefinidamente, mas, quando a reabertura total se tornar uma realidade, os espaços e procedimentos para convívio de pessoas idosas terão sido reformulados, para oferecer mais segurança no contato e cuidado individual.

Muitas inovações não serão novas. São temas já identificados, oportunidades conhecidas. Mas no "novo normal" em construção há ambiente e justificativa para investir em áreas como medicina, higiene e cuidados pessoais. A telemedicina se estabelecerá como prática comum. A limpeza de produtos e locais públicos mais intensa será incorporada aos hábitos cotidianos.

No "novo normal", o contato virtual é uma realidade inegável. Nós nos tornaremos criaturas virtualmente conectadas, não apenas com os mais próximos, mas com empresas, serviços e a sociedade.

Com a consolidação do contato virtual, serão dados passos importantes rumo ao consumo de recursos inovadores de interação e convívio. A tecnologia de Realidade Virtual foi intensamente desenvolvida nos últimos anos, com a consolidação de tecnologias digitais, criando recursos de baixo custo e que oferecem efetiva imersão em novas e diferentes realidades por meio do uso de óculos de 3 dimensões (3D), por exemplo. Essa tecnologia constitui-se uma poderosa ferramenta para romper as barreiras do espaço físico restrito, indo muito além do antigo formato de simples visualização e criando novas e reais experiências virtuais. O uso de plataformas imersivas se tornará mais comum, fortalecido pelas restrições de deslocamento. O investimento nesse tipo de tecnologia se tornará cada vez mais relevante, para construir virtualmente espaços e cidades que poderão ser visitadas pelo mundo virtual. Até tecnologias de interação por realidade virtual abrirão novas portas para o convívio e a ruptura dos limites impostos pelo confinamento.

A transformação da indústria

Enormemente desafiadas nesse período de pandemia, as indústrias estão passando pela transformação de suas rotinas. As pressões pelo distanciamento físico obrigaram fábricas à redução de quadros de empregados. A substituição natural será a automação e robotização de funções, tornando-se cada vez mais ambientes com menor presença humana. Com os novos protocolos de segurança e preservação da vida, as fábricas e ambientes industriais passarão a considerar os investimentos em automação uma saída viável para a manutenção das atividades. Apesar do baixo custo de mão de obra em países do terceiro mundo, como o Brasil, o risco da exposição será somado à conta. Aliada à pressão das precauções com o ser humano no ambiente do trabalho vem a redução significativa de custos em automação e tecnologias de robotização industrial.

A redução de atividade comercial ocorreu de forma abrupta, mas acabou se estabilizando em um novo patamar. O consumo das famílias acabou mudando de direção, distanciando-se das ruas e entrando mais intensamente nas residências. Com isso, os estabelecimentos comerciais sentiram muito a redução de demanda e reduziram suas atividades e também despesas com suprimentos, efeito percebido no consumo de energia desses estabelecimentos, que teve queda significativa durante – e também terá após – a pandemia. Uma nova realidade provoca uma revisão da forma de consumir serviços fora de casa.

A nova realidade da educação

Reinventar tem sido a palavra de ordem para inúmeros setores e, em especial, para a Educação. As instituições de ensino foram levadas a buscar novas formas de ensino e aprendizagem em um curto espaço de tempo devido à pandemia da Covid-19. Mas como construir aprendizado quando a experiência de aprendizagem precisa ser totalmente transformada, tornando-se *on-line*, distante e sem contato? Como ensinar e aprender a distância?

A experiência, subitamente, é descoberta como elemento fundamental para professores, alunos e familiares. É certo que os educadores não poderiam imaginar que um dia a sala de aula se transformaria por completo e tão rapidamente. Até então, a sala de aula era o lugar mais conhecido por eles, onde se sentiam confortáveis, um lugar de encontro, contato, interação, no qual podiam realmente se tornar aquilo que são: condutores do aprendizado, aqueles que trazem para os alunos o conteúdo, as informações, o conhecimento, as novidades, são aqueles que motivam, que levam as crianças e os jovens ao engajamento. Em um instante, cada professor se viu diante de um grande desafio: reinventar-se para ressignificar o espaço escolar, que agora não estaria mais restrito às paredes da sala de aula, ambiente até então essencial na experiência de aprendizado. É como se tivessem lhe roubado parte fundamental de suas ferramentas de trabalho, como um motorista que tivesse que dirigir um veículo sem o volante ou um jogador de futebol que tivesse de jogar sem usar os pés. Estávamos todos habituados ao modelo, professores, alunos e familiares.

De repente, tudo mudou. A ruptura provocada pela pandemia nas escolas impõe enorme desafio à continuidade do aprendizado no novo cenário.

O impacto sobre a educação, infelizmente, será drástico. Apesar de muitas instituições escolares terem se esforçado intensamente para estabelecer mecanismos de ensino a distância, uma grande parcela de escolas e universidades ainda não consegue garantir os recursos necessários para viabilizar um aprendizado de qualidade. Muitas escolas públicas no Brasil já sofriam com limitações, como falta de água, de manutenção de suas instalações, escassez de mesas e cadeiras, etc. Agora, somam-se a esses fatores a falta de acesso à internet e disponibilidade dos recursos digitais necessários para oferecer o aprendizado a distância a seus alunos.

Apesar de todos os esforços e investimentos em desenvolvimento tecnológico e inserção na vida digital, o acesso à internet de qualidade ainda é uma limitação em algumas localidades. Segundo pesquisas,[32] enquanto nas grandes cidades e áreas urbanas o percentual de domicílios que têm acesso à internet passou de aproximadamente 80% para 84%, nas regiões rurais do país apenas 49% das residências fazem uso de internet, índice que era de 41% em 2018. Quando o acesso existe, é pago, caro ou limitado.

Mesmo quando esse empecilho é vencido, muitas famílias não têm computadores, *notebooks* ou *tablets* que permitam o acesso dos alunos às ferramentas tecnológicas necessárias para a participação e interação durante as atividades acadêmicas.

No mundo pós-pandemia, muitas escolas da rede privada terão fechado. A dificuldade em manter as atividades inviabilizou a manutenção de receita de muitas instituições e, ao mesmo tempo, a falta de recursos das famílias (pela baixa atividade econômica) levou a atrasos nas mensalidades e, muitas vezes, ao não pagamento. As escolas e universidades que sobreviverem a este período terão novos desafios. Será necessário encontrar formas de recuperar o tempo perdido ou o baixo desempenho acadêmico

---

[32] Disponível em: https://livro.pro/2y7max. Acesso em: 27 jul. 2020.

experimentado durante o período de pandemia. Uma das grandes preocupações, que tem levantado discussões, é como recuperar o conteúdo e trazer os alunos para o patamar esperado de aprendizado.

As atividades acadêmicas, quando retomadas, serão desafiadas a uma nova realidade. A rotina nas instituições de ensino será guiada por protocolos de saúde e segurança, com distanciamento entre os alunos e restrições de circulação. Haverá professores que não poderão voltar a atuar presencialmente e isso também se dará com alunos que tenham alguma fragilidade ou estejam enquadrados no grupo de risco, como a minha enteada Manuela, de 7 anos, por exemplo, que ainda bem novinha sofreu uma cirurgia do coração. A frequência nas escolas será limitada a grupos menores de alunos, por meio de rodízio. Enquanto um grupo participa das aulas de modo presencial, outro grupo assiste às aulas de casa utilizando recursos digitais. Por isso, a tendência é que se estabeleça o modelo de ensino híbrido, que mescle aulas presenciais com atividades *on-line*.

Além dos desafios tecnológicos do ensino a distância, há também a questão do baixo engajamento de parte das crianças e jovens nesse modelo. É inegável que essa é uma alternativa viável para que não ocorra a absoluta interrupção do ensino, mas, por vezes, o modelo não oferece a motivação mínima necessária para atrair o aluno e levá-lo a alcançar a aprendizagem esperada. Uma possível saída será a redução do tamanho das turmas, viabilizando a continuidade dos estudos em grupos menores. O apoio da família também é fundamental para auxiliar os jovens, mas especialmente as crianças, em suas novas rotinas de estudo. Paula, minha esposa e mãe de Manuela, assim como os familiares de muitos alunos, precisou entrar em campo para tentar suprir as deficiências impostas pelo modelo de ensino a distância, realizando uma espécie de tutoria, auxiliando a filha no aprendizado dos temas trabalhados.

Vale ressaltar que crianças em fase de alfabetização, como a Manu, precisam do apoio dos familiares para que seu desenvolvimento intelectual não seja prejudicado. Assim, a família acaba por desempenar papel fundamental, acompanhando cada aula, desde o preparo do material e as atividades, passando pela leitura e explicação dos temas em estudo, até a correção das tarefas e a condução do aprendizado definitivo. Nesse novo formato, os professores atuam como guias para o público de casa, que envolve não apenas a criança ou o jovem, mas também a família.

No entanto, nem todas as famílias dispõem de todos os recursos necessários para que essa dinâmica funcione bem. Em muitos casos, a rotina de trabalho consome ou limita a atuação dos pais. Assim, o aluno fica exposto à rotina de aprendizado sem um auxílio presencial intenso. No caso das crianças, isso pode ser um fator limitador de sua aprendizagem, pois podem acabar perdendo parte do conteúdo apresentado, deixando de se interessar pelas aulas e até se afastar do conhecimento já adquirido antes do início da pandemia.

Quanto aos jovens, a impossibilidade de ir para a escola e ter que permanecer em casa, em isolamento, afeta-os intensamente, não apenas pela perda do convívio com amigos e interação social oferecida pelo ambiente escolar, mas também pela qualidade do aprendizado. As instituições de ensino que sobreviveram aos meses iniciais da pandemia foram desafiadas a conhecer e se aprofundar nos modelos disponíveis de ensino a distância, adaptando-se à solução, ao formato ou à tecnologia que melhor atendiam à sua realidade e permitiam, segundo seus critérios, atingir os objetivos de aprendizado.

Conexão aluno-escola

Com o distanciamento social, o afastamento da rotina escolar e a redução de atividades de interação pessoal, a conexão dos alunos com a escola foi reduzida drasticamente. Para minha filha, Mariana, por exemplo, a escola sempre foi muito mais que local de aprendizado. Representava seu universo, local de contato, convívio, interação, construção de amizades e, além de tudo, aprendizado. Nessa nova realidade em que estamos vivendo, esse espaço foi reduzido a um ambiente virtual, acessado por computador ou celular, em que um professor aparece, parcialmente, por poucas horas do dia, para lhe fazer breve e limitada apresentação de conteúdo de estudo. Assim que o professor desaparece, leva consigo não apenas o conteúdo, mas o espaço que a escola representa na vida de Mariana.

A pandemia desafia minha filha, e os jovens, a criar novas referências que substituam a presença da escola em outras dimensões. O jovem continua a formar amizades, mantém o contato com outros alunos, mas tem dificuldade em manter a sensação de pertencimento ou em visualizar elementos como turma ou classe. Esses elementos, muito presentes e concretos na vida escolar presencial, tornam-se imateriais e invisíveis no aprendizado a distância. Os jovens de outros anos, que estudam em outro andar ou bloco, simplesmente desapareceram. Assim como os alunos de outras turmas do mesmo ano. Para Mariana restaram apenas o professor e os alunos de sua própria turma – algumas vezes, poucos deles, pois nem todos estão presentes em todas as sessões de aula *on-line* ou a tecnologia oferecida pela escola simplesmente não permite que as crianças vejam umas às outras.

Nesse sentido, outro elemento é desafiador: a formação de amizades. Historicamente, a escola é tida como espaço para construção do indivíduo. Muito mais que ambiente de aprendizagem, a escola sempre foi vista como local de integração social, construção do caráter, valores e integridade do indivíduo. Nela são criadas as amizades e estabelecido o convívio com amigos, colegas de turma e professores. Nela, visualizam seus primeiros ídolos. É onde se estabelecem conexões com outras pessoas – muitas das quais duram a vida inteira –, que são fortalecidas dia a dia na interação pessoal, no encontro diário nos corredores, nas salas de aula ou nos momentos de recreio.

Acredito que as conexões criadas na escola não podem ser substituídas ou construídas no ensino a distância, o que provoca lacunas fundamentais para a formação do cidadão. Muitas vezes, os laços criados por crianças e jovens na escola são sólidos e tornam-se experiências únicas e de extremo valor em suas vidas. Assim, é essencial que as escolas encontrem meios para fortalecer vínculos e preencher essas lacunas.

No "novo normal", nossos critérios de escolha estão se transformando. Não vamos mais buscar produtos e serviços da mesma forma. Isso valerá para compras, mas também para escolas. A escolha da escola dos filhos sempre levou em conta a qualidade do ensino oferecido, capacitação dos professores, o ambiente físico, a tradição, os valores e a localidade. Porém, o novo cenário nos leva a rever alguns desses elementos. Agora, não basta a qualidade do corpo docente e a tradição. É necessário que a escola ofereça recursos tecnológicos e demonstre a capacidade de estar cada vez mais preparada para a nova realidade, digital, inovadora, inesperada, e que impõe limitações e cobra respostas nunca antes estudadas.

Mesmo que a tendência seja o modelo de ensino híbrido, com aulas presenciais *e on-line*, oferecer plataformas robustas de ensino a distância passa a ser um item importante a ser levado em consideração na escolha de uma instituição de ensino. A tecnologia educacional (TE) passa a ser elemento obrigatório no currículo das escolas. Os pais dificilmente se contentarão com escolas que ofereçam ferramentas digitais de baixa qualidade, professores despreparados para o mundo digital ou aulas não adaptadas para o modelo *on-line*. Ao contrário, as escolas precisam se preparar ainda mais para disponibilizar ferramentas de estudo remoto, acompanhamento das aulas, consulta digital a conteúdos didáticos, meios de comunicação e interação com professores e colegas de classe e ferramentas de pesquisa.

Como já se percebe, no "novo normal", o mundo digital entra definitivamente no mundo escolar. E não se aceitará que essa união se desfaça, que volte atrás. Sob essa ótica, é até surpreendente que as escolas tenham levado tanto tempo para incorporar a tecnologia às suas práticas. O ambiente escolar estava, de certa forma, confortável dentro do mesmo modelo de aprendizagem estabelecido há décadas.

As aulas presenciais, com o professor na sala, a lousa, o giz na mão e uma sala cheia de carteiras com alunos uniformizados ouvindo, todos ao mesmo tempo, o mesmo conteúdo, da mesma forma, no mesmo ritmo, é um modelo que as diversas gerações que viveram no século XX podem dizer que experimentaram. Com o aparecimento da tecnologia, pouco a pouco televisores, computadores e internet começaram a ser incorporados, ainda de forma tímida, à sala de aula e à rotina escolar. Muitas salas ganharam televisores. Computadores passaram a estar presentes nas escolas em diversos ambientes, desde a secretaria até a sala de aula. A internet passou a ser vista como uma ferramenta para consulta de informações em casa ou para a comunicação com os pais. Pode-se dizer que o avanço tecnológico foi incorporado, mas limitado a funções periféricas e complementares da escola e do professor. Na grande maioria das escolas, o uso de tecnologias para o ensino foi até então timidamente explorado, deixando-se de lado recursos importantes que o mundo digital proporciona para a potencialização do aprendizado.

A Inteligência Artificial, que habilita a personalização do conteúdo e também do aprendizado, torna-se fundamental na nova realidade. Ao transferir o aprendizado para casa, não basta ter acesso ao conteúdo. O distanciamento entre o professor e os alunos provoca rupturas não perceptíveis. A aula *on-line*, seja em formato de transmissão unilateral de vídeo, na qual apenas o professor é visto, ou no formato de vídeos simultâneos, impõe enormes desafios e diversas limitações. Os professores não são capazes de perceber a atitude corporal dos alunos. Não é possível perceber (ou percebe-se com restrições) os alunos atentos, os cansados, os distraídos ou, algumas vezes, aqueles que nem estão mais participando da aula. A interação fica limitada a um pequeno quadro na tela, e o professor perde a capacidade de dialogar e intervir quando percebe um comportamento que demonstra desconforto ou dúvida.

Uma das inovações mais relevantes na educação ocorre com a aplicação de algoritmos de Inteligência Artificial, aliados a técnicas pedagógicas, que criam conceitos profundos de personalização. Por meio dessa aplicação, é possível oferecer efetiva personalização do ensino, o chamado "aprendizado adaptativo", identificando automaticamente, a partir dos exames e das avaliações de aprendizagem, os pontos de dificuldade de um aluno e, com base em suas características comportamentais, sugerir não apenas o conteúdo ou tema específico a ser aprofundado, mas também o formato ideal ou mais recomendado de aprendizagem e que deverá gerar um melhor resultado (leitura, projeto, construção visual ou material, textual ou gráfica, por exemplo), adaptando, assim, o processo de aprendizagem mais adequado para cada aluno.

Nesse novo cenário, o aprendizado adaptativo terá que se mesclar aos recursos de fortalecimento do convívio virtual, seja pelas redes sociais, seja por mecanismos e ferramentas de comunicação direta, criando, dessa forma, novos canais de entrega de conteúdo acadêmico e de aprendizagem, explorando os canais mais utilizados pelos jovens para alcançá-los fora dos momentos de convívio escolar.

No "novo normal" que está se construindo, o aprendizado será forçado a romper os limites conhecidos da escola, entrando nos canais de interação pessoal e fazendo parte de todos os momentos do dia a dia dos jovens. Os recursos de convívio e de aprendizagem passarão a se mesclar, oferecendo novas formas de estudo, quase que imperceptíveis para o aluno. Dessa forma, ao pesquisar vídeos na internet sobre determinado tema, poderão ser oferecidos ao jovem conteúdos não apenas especificamente sobre o que busca, mas também que mesclam o tema explorado com conteúdo relevante para o seu aprendizado naquele momento da vida acadêmica. Por exemplo, uma busca por *skate* feita por um jovem de 13 anos pode trazer vídeos de como as expressões algébricas, item do currículo escolar daquela faixa etária, aplicam-se ao esporte que lhe atrai, simplesmente por saber que este foi tema de estudo nos últimos dias em suas plataformas de ensino a distância. Desse modo, com a aplicação da tecnologia, passa-se a oferecer recursos para suprir as deficiências do aprendizado a distância e a penetrar na rotina diária dos jovens.

Esse tema é tão relevante que aplicativos de elevado consumo pelos jovens, como os de edição de vídeos e imitação, passaram a considerar com seriedade a possibilidade de ofertar vídeos de conteúdo acadêmico em seu *feed*, entrando, assim, efetivamente no ambiente social dos jovens e mesclando, cada vez mais, o mundo pedagógico, do aprendizado e estudo, com o mundo pessoal e individual.

Outro ponto que vale ressaltar é que, na nova realidade, o professor tem radical mudança de posição. Enquanto estava acostumado (algumas vezes há décadas) à posição de destaque na sala de aula, em pé na frente da turma, com a atenção de todos pela sua simples presença, o professor passa agora a se ver desafiado a se superar nos elementos mais básicos e fundamentais da interação com os alunos. Descobre que obter a atenção da turma virtualmente é mais difícil do que parece. Engajar os jovens por meio de recursos digitais – quando você, subitamente, é o elemento atuante – demanda competências não exploradas e não desenvolvidas pela maior parte dos professores. Além disso, as aulas, que estavam prontas para serem apresentadas no modelo tradicional de aprendizado (lousa, algumas vezes por computador, mas em formato presencial, com contato visual e presença física ao lado dos alunos) devem agora ser apresentadas em modelo virtual, integralmente *on-line*, muitas vezes sem contato visual, e devem, por si só, proporcionar a explicação e o aprendizado esperados na mesma interação presencial.

Os primeiros resultados durante a pandemia demonstraram enorme dificuldade de adaptação dos professores. Em algumas escolas, docentes pediram desligamento pela dificuldade de adaptação ao novo formato de ensino. No entanto, os alunos não poderão ficar desamparados, e o modelo deverá se consolidar. Para isso, os professores devem continuar buscando capacitação para se adaptar ao modelo de aulas *on-line*, aprendendo a engajar alunos como fazem, por exemplo, os *youtubers*, jovens que desenvolveram talento (e criaram um segmento de negócios, gerando renda relevante) com a apresentação de conteúdo por meio de canais de vídeo na internet, falando sobre os mais diversos assuntos. Os professores serão desafiados a aprender com eles.

Neste momento, muitas escolas ainda se mostram despreparadas para responder à crise e oferecer recursos para cumprir seu papel no aprendizado acadêmico a distância. O uso dessas tecnologias ocorre sem critério, por tentativa e erro, criando graves lacunas de aprendizagem a uma geração inteira, que deverá ser compensada ao longo de suas vidas, e marcando esses jovens como a geração cujo aprendizado foi prejudicado pela Covid-19.

O deslocamento do ensino para o mundo digital atingirá amplamente o mundo, em todas as geografias e níveis sociais. Nos últimos vinte ou trinta anos, as grandes universidades globais passaram a buscar o modelo de captação de alunos além das fronteiras de seus países. Muitas universidades entenderam que estudantes internacionais trazem não só vontade de aprender, mas também capacidade de investir no ensino, mesmo com os custos elevados associados ao estudo internacional, o que levou essas instituições a fortalecer esse modelo de captação e aumentar cada vez mais a relevância desse tipo de receita, que chegou a atingir de 30% a 40% da receita total das instituições.

No "novo normal", a restrição a deslocamentos irá também afetar intensamente essas grandes universidades. A captação de novos alunos de outras localidades e geografias, já comprometida pelas limitações de convívio e uso de espaços comuns, será enormemente atingida com as restrições de viagens. A atração de alunos para cursos de graduação, pós-graduação e MBA nas grandes universidades globais será limitada e irá sofrer significativa redução. O deslocamento da oferta de cursos e vagas para os modelos de ensino a distância será cada vez mais fortalecido, mas não será capaz de sustentar grande parte dos custos operacionais dessas instituições, que, por fim, serão forçadas a rever seus modelos de receita e custos, inclusive com redução de prédios e venda de espaços.

Com a alavancagem de serviços digitais na educação, com o fortalecimento do ensino híbrido e ensino a distância, o uso de tecnologias é potencializado, e com isso, a personalização do ensino será habilitada de vez. O uso de dados comportamentais mesclados ao desempenho acadêmico, enriquecidos pelo fortalecimento de mecanismos de avaliação de *soft skills* (habilidades comportamentais e competências subjetivas), torna-se grande habilitador da implantação em massa de mecanismos e ferramentas de personalização do ensino. Com isso, alunos passarão a ter não apenas trilhas individuais de aprendizagem, mas poderão ditar o formato de consumo do conteúdo didático (vídeo, jogos, debates, projetos ou diversos métodos simultaneamente) e abrir portas para a diversificação de alavancas de aprendizagem.

Nesse contexto, vale destacar mais uma vez que o professor é radicalmente desafiado, saindo da antiga e tradicional posição de transmissor do conteúdo e passando para o papel de curador e orquestrador das diversas ferramentas de aprendizagem, atuando próximo aos alunos no esclarecimento, no apoio, no debate, na intervenção e, mais que tudo, no direcionamento do aprendizado. Alavancado pelas tecnologias, o professor atuará nos mecanismos de presença virtual, multiplicando sua atuação, fazendo tanto a transmissão de aulas ao vivo (*on-line*) como promovendo eventos, debates e oportunidades de interação entre alunos, que não mais estarão organizados por turmas, mas grupos de alunos por perfil, nível de aprendizado e áreas de interesse.

As ferramentas de avaliação de desempenho também terão se revolucionado. Provavelmente, muitas escolas ainda procurarão manter a avaliação presencial, mas começa a ser desafiado o modelo tradicional de avaliação, abrindo o uso de tecnologias de videomonitoramento e controle da estação de trabalho (sistema operacional do computador) para monitorar e acompanhar as avaliações. Com essas ferramentas, algumas escolas começarão a testar a avaliação a distância.

Mas, com tantas transformações, a educação terá a oportunidade de perceber, ao final, uma enorme evolução. A pandemia trouxe como oportunidade a chance de romper com o modelo tradicional e obsoleto de ensino, forçando escolas, governos e sociedades a deixarem entrar, definitivamente, o mundo digital na educação. Com isso, criou-se enorme espaço de construção de uma nova realidade para o ensino.

Com a transformação provocada pela pandemia, diversos paradigmas da educação acabaram sendo questionados e revistos. O formato da sala foi repensado. A aula não acontece mais apenas dentro de quatro paredes, em um prédio, mas percebeu-se que a aula, ou melhor, o aprendizado, ocorre em todo lugar. Os momentos de estudo, aprendizado e diversão parecem estar mais próximos. Recursos como *videogames*, vídeos da internet e redes sociais tornam-se oportunidades de aprendizado.

A pandemia fez com que escolas fechassem as portas físicas, mas abriu portais virtuais e digitais imensos, mergulhando essas instituições em um novo mundo de possibilidades e recursos antes pouco ou nada explorados pelo universo do ensino. Nesse momento, os profissionais do aprendizado, muitos deles distantes ou pouco familiarizados com os recursos que o mundo digital tinha a oferecer, viram-se forçados a experimentar uma imersão e passar, eles mesmos, por um novo momento de aprendizado e transformação, que os levou a descobrir que seus alunos, jovens de todas as idades, já estavam vivendo um mundo transformado, interconectado, onde muros físicos pouco significam diante da liberdade que o mundo digital lhes oferece. Esses profissionais tiveram a oportunidade de repensar sua forma de ensinar, aproximando-se ainda mais da realidade dos alunos, utilizando as mesmas ferramentas, os mesmos canais e, por que não, os mesmos termos e jargões: "como faz o *download?*", "*essa postagem merece um like!*".

A pandemia trouxe a oportunidade de levar o professor a um novo patamar, rompendo a barreira do conhecimento e da informação, passando a ser não apenas um enorme articulador de conteúdo, mas desenvolvendo a capacidade de se comunicar pelos mais diversos canais, buscando engajamento, construção de relacionamentos e aproximação por meios pouco ou nada conhecidos do ambiente acadêmico e pedagógico.

Já para a Educação, trouxe a oportunidade de se reinventar, de se atualizar e se conectar mais eficientemente com a transformação digital que a sociedade está vivendo. Com o "novo normal", uma enorme porta se abriu para a Educação, com a maior inserção dos recursos digitais nas escolas e universidades. Foi dada às instituições de ensino a oportunidade de dar um salto muito maior que a atualização tecnológica, mas de maior aproximação com a sociedade e com a realidade de seus alunos. E, com certeza, sairão mais fortalecidas para formar jovens ainda mais preparados para um futuro incerto e em constante transformação.

Desenvolvimento tecnológico e a vacina

Com os imensos investimentos, a cura será encontrada. A indústria e o desenvolvimento tecnológico irão conseguir atingir o estágio para a descoberta da cura. No entanto, entre encontrar a cura e levá-la às pessoas haverá tempo, esforço e precaução. Muito provavelmente o valor inestimável da cura criará um mercado de contrabando. A falsificação, inimaginável para muitos, será vista em muitos lugares, levando famílias à falsa sensação de cura e criando tranquilidade para a perigosa exposição sem efetiva segurança. Além desses percalços, virão os desafios logísticos, burocracia e ineficiência, trazendo lentidão e apreensão.

Apesar desse cenário, a vacina será disseminada e alcançará as cidades e nossas casas. Depois de imensos desafios, seremos enfim vacinados contra mais uma doença que aflige a humanidade e questiona nossa capacidade de sobrevivência.

Veremos que somos capazes de sobreviver. Nós nos sentiremos fortes e seguros, acreditando que somos, sim, vitoriosos e capazes de superar qualquer desafio. De fato, seremos sobreviventes de uma pandemia, um dos momentos mais dramáticos da história da humanidade, que será registrado nos livros de história de todo o mundo. Teremos dores, lamentos, memórias de como um vírus parou o mundo, mas também histórias de superação para contar às futuras gerações.

Está em nossas mãos

A mudança nem sempre é possível. Muitas vezes o *status quo* não nos permite alterar rotinas, métodos e procedimentos, alterar nossos hábitos e rotinas. A mudança é possível, mas à custa de muito empenho e vontade de todos, principalmente dos governantes. Na realidade, as oportunidades reais de mudança acontecem em raros momentos, quando somos motivados profundamente a buscar um sonho ou quando a vida nos encara com grandes crises.

O "novo normal" está sendo uma construção, da qual todos fazemos parte. Temos a oportunidade de definir a nova rotina, construir novas formas de interação, superar a nosso modo as limitações impostas pelo contexto e transformar a antiga forma de relacionamento.

Com a Covid-19 vieram sofrimentos, perdas, medo e limitações. Mas também a chance de revisitar a nós mesmos e reafirmar nossos valores, o que nos é mais precioso, cuidar dos nossos queridos e criar um novo mundo melhor para todos.

Com o confinamento, tive a oportunidade de conviver com minha mãe e com minha filha diariamente, aproximar-me delas, entender mais de perto angústias, sofrimentos e interesses. E tive a oportunidade de buscar formas de construir um novo futuro com elas. Tive a oportunidade de reavaliar como as pessoas à minha volta fazem diferença na minha vida, como devo cuidar delas e como um simples diálogo, um telefonema ou uma videochamada fazem diferença para demonstrar carinho.

Diz-se que é nos momentos de dor que crescemos. Bem, devemos considerar que, em poucos meses, crescemos muito. Se éramos crianças, tornamo-nos jovens rapidamente. Se adultos, repensamos valores e, mesmo que contra nossa vontade, tivemos uma oportunidade rara na vida de avaliar como será o nosso futuro e qual versão do "novo normal" desejamos para nós.

Bibliografia

CAPÍTULO 1

BRASIL. Secretaria de Educação Básica. *Base Nacional Comum Curricular*: Ensino Médio. Brasília, DF: MEC, 2018. Disponível em: <https://livro.pro/nhnfm9>. Acesso em: 15 jul. 2020.

CARR, Nicholas. *A geração superficial*: o que a internet está fazendo com os nossos cérebros. Rio de Janeiro: Agir, 2019.

CONSELHO NACIONAL DE JUVENTUDE – CONJUVE. *Pesquisa Juventudes e a pandemia do coronavírus*. Jun. 2020. Disponível em: <https://livro.pro/j69o47>. Acesso em: 15 jul. 2020.

DWECK, Carol S. *Mindset*: a nova psicologia do sucesso. São Paulo: Objetiva, 2017.

FRAIMAN, Leo. *Meu filho chegou à adolescência, e agora?* São Paulo: Integrare, 2013.

FRAIMAN, Leo. *A síndrome do imperador*: pais empoderados educam melhor. Belo Horizonte: Autêntica Editora / São Paulo: FTD, 2019.

FRAIMAN, Leo. *Caminhos para a superação*: inspirações para uma escola humanizada – Guia de acolhimento. São Paulo: FTD, 2020.

FRAIMAN, Leo. *Caminhos para a superação*: inspirações para uma escola humanizada – Guia de acolhimento Parte II. São Paulo: FTD, 2020.

FRAIMAN, Leo. *Que valor você dá para sua família?* Belo Horizonte: Autêntica Editora / São Paulo: FTD, 2020.

FRAIMAN, Leo. *Superação e equilíbrio emocional*: 35 caminhos para enfrentar os novos tempos. Belo Horizonte: Gutenberg, 2020.

GLADWELL, Malcolm. *Fora de série*: Outliers (descubra por que algumas pessoas têm sucesso e outras não). Rio de Janeiro: Sextante, 2013.

GOTTMAN, John e SILVER, Nan. *Sete princípios para o casamento dar certo*. São Paulo: Objetiva, 2000.

HARARI, Yuval Noah. *Sapiens: uma breve história da humanidade*. São Paulo: L&PM, 2015.

HARARI, Yuval Noah. *Homo Deus: uma breve história do amanhã*. São Paulo: Companhia das Letras, 2016.

HARARI, Yuval Noah. *21 lições para o século 21*. São Paulo: Companhia das Letras, 2018.

MORIN, Edgar. *Os sete saberes necessários à educação do futuro*. São Paulo: Cortez / Brasília: Unesco, 2000.

PERRENOUD, Philippe. *Desenvolver competências ou ensinar saberes?* A escola que prepara para a vida. Porto Alegre: Penso, 2013.

SOCIEDADE Brasileira de pediatria. *Saúde de crianças e adolescentes na era digital*. Departamento de Adolescência, out. 2016. Disponível em: <https://livro.pro/hcopos>. Acesso em: 24 jul. 2020.

YAMAMOTO, Yoko; HOLLOWAY, Susan D. Parental Expectations and Children's Academic Performance in Sociocultural Context. *Educational Psychology Review*, 22, p. 189-214, 2010. Disponível em: <https://livro. pro/3uuqdu>. Acesso em: 15 jul. 2020.

CAPÍTULO 2

BRASIL. Secretaria de Educação Básica. *Base Nacional Comum Curricular: Ensino Médio*. Brasília, DF: MEC, 2018. Disponível em: <https://livro. pro/nhnfm9>. Acesso em: 15 jul. 2020.

BRASIL. Secretaria de Educação Superior, Secretaria de Educação Profissional e Tecnológica. *Protocolo de biossegurança para retorno das atividades nas instituições federais de ensino*. Brasília, DF: MEC, jul. 2020. <Disponível em: https://livro.pro/ck6gg9>. Acesso em: 13 ago. 2020.

CANAL BUTANTAN. *O jeito certo de lavar as mãos*. 2020. Disponível em: <https://livro.pro/qq8xeu>. Acesso em: 13 ago. 2020.

CASSORLA, Roosevelt M. S. *Da Morte*: Estudos Brasileiros, Papirus, 1991.

CRIANÇAS SÃO separadas por quadrados de giz em volta às aulas na França. UOL. Disponível em: <https://livro.pro/eym58j>. Acesso em: 13 ago. 2020.

FUKUMITSU, Karina O. *Vida, morte e luto*: atualidades brasileiras. Summus editorial, 2018.

KÜBLER-ROSS Elisabeth. *Sobre a morte e o morrer*. WMF Martins Fontes, 2008.

MARZANO A. V. *et al*. Cutaneous manifestations in patients with COVID 19: A preliminar review of an emerging issue. *Br J Dermatol*. 2020, 10.1111/bdj.19264.

NICOLA M. *et al*. Evidence based management guideline for the COVID 19 pandemic – Review article. *Int J Surg*, 77, p. 206-216, 2020.

OZMA M. A. *et al*. Clinical manifestation, diagnosis, prevention, and control of SARS-CoV-2 (COVID-19) during the outbreak period. *Infez Med.*, 28, 2, p. 153-165, 2020.

REIS, Fabio. *USP avalia eficácia de máscaras e testa materiais para produção.* Pfarma. Disponível em: <https://livro.pro/zqvrjg>. Acesso em 13 ago. 2020.

TEZER H, Bedir Demirdağ T. Novel coronavirus disease (COVID-19) in children. *Turk J Med Sci.*, SI-1, p. 592-603, 2020. Doi:10.3906/sag-2004-174.

TODOS PELA EDUCAÇÃO. *Nota técnica:* O retorno às aulas presenciais no contexto da pandemia da Covid-19 (versão para debate e em contínua construção). Disponível em: <https://livro.pro/nih439>. Acesso em: 14 ago. 2020.

TORRELO A. *et al.* Erythema multiforme-like lesions in children and COVID-19. *Pediatr. dermatol.* 2020. Doi: 10.1111/pde.14246.

VIORST, Judith. *Perdas necessárias.* São Paulo: Melhoramentos, 2005.

CAPÍTULO 3

ABELE, A. Positive and negative mood influences on creativity: Evidence for asymmetrical effects. *Polish Psychological Bulletin.* 1992.

ANTUNES, Celso. *Alfabetização emocional*: novas estratégias. Petrópolis: Editora Vozes, 2008.

BARBOSA, Christian. *Por que as pessoas não fazem o que deveriam fazer?* São Paulo: Buzz Editora, 2019.

DWECK, Carol S. *Mindset:* a nova psicologia do futuro. São Paulo: Editora Objetiva.

DUAILIBI, Roberto; SIMONSEN Jr., Harry. *Criatividade & Marketing.* São Paulo: Editora M. Books, 2009.

DYER, Jeff. *DNA do inovador*: dominando as 5 habilidades dos inovadores de ruptura. Rio de Janeiro: Editora Alta Books, 2019.

FREEDMAN, J. Infered values and the reverse-incentive effect in induced compliance. *Journal of Personality and Social Psychology*, 62, 357, 1992.

GOLEMAN, Daniel. *Inteligência emocional.* São Paulo: Objetiva, 1996.

GUILFORD, J. P. *The nature of human intelligence.* New York: MacGraw-Hill, 1967.

JUDKINS, Rod. *A arte da criatividade.* Rio de Janeiro: Editora Rocco.

KANT, I. *The philosophy of Kant as contained in Extracts from his own writings.* Glasgow, Maclhose & Jackson, 1790/1888.

KELLY, Tom. *The Art of innovation.* Nova York, 2016.

LIEBERMAN, David Jr. *Como mudar qualquer pessoa.* Osasco: Novo Século Editora, 2007.

LEMOV, Doug. *Aula nota dez*. São Paulo: Editora Pense/Fundação Lemmann/Fundação Getúlio Vargas.

LUBART, Todd. *Psychologie de la créativité*. Paris: Armand Colin/VUEF, 2003.

LUBART, T. I, e GETZ, I. *Emotion, metaphor, and the creative process*. Creativty Research Journal, 10, 1997.

WALLAS, G. *The art of thought*. New York: Harcourt, Brace, 1926.

CAPÍTULO 4

ASHTON, K. *That 'Internet of Things' Thing. RFID Journal*, 2009. Disponível em: <https://www.rfidjournal.com/that-internet-of-things-thing>. Acesso em: 22 jul. 2020.

BARR, FEIGENBAUM, E. A. (ed.). *The Handbook of Artificial Intelligence*, volume I-II. William Kaufmann Inc., Los Altos, California, 1981.

CBINSIGHTS. *The global unicorn club*. Disponível em: <https://livro. Pro/rk9uym>. Acesso em: 22 jul. 2020.

DEPARTAMENT OF EDUCATION. *National education technology plan*. Disponível em: <https://livro.Pro/g2d6ax>. Acesso em: 22 jul. 2020.

ENTREPRENEUR. *Unicorn Club*. Disponível em: <https://livro. pro/2x8oor>. Acesso em: 22 jul. 2020.

FUTURE EDUCATION. *Mercado de EdTech*. Disponível em: <https:// livro.pro/4dhzqy>. Acesso em: 22 jul. 2020.

ARBEX, Gabriela. *Pesquisa do Google revela mudança de hábitos dos consumidores durante a pandemia*. Forbes, 10 jun. 2020. Disponível em: <https:// livro.pro/zvi5zn>. Acesso em: 22 jul. 2020.

IBOPE. São Paulo. Disponível em: <https://livro.pro/az4gmm>. Acesso em: 22 jul. 2020.

KELLY, Kevin. *Inevitável*. As 12 forças tecnológicas que mudarão nosso mundo. São Paulo: HSM, 2017.

MCCORDUCK, Pamela. *Machines Who Think*. San Francisco: Freeman, 1979.

MORGAN, Stanley. *Research*. Disponível em: <https://livro.pro/red86t>. Acesso em: 22 jul. 2020.

PHILLIPS, A. Commercial drones Market projected to reach $3.5 billion by 2024. *DroneLife*, [s.l.], 2017. Disponível em: <https://livro.pro/hahu4c>. Acesso em: 22 jul. 2020.

CAPÍTULO 5

AMORIM, Lucas. Coronavírus derrubará em 70% matrículas em faculdades privadas. *Exame*. Disponível em: <https://livro.pro/74hgy9>. Acesso em: 14 ago. 2020.

BCG DIGITAL VENTURES. China's online education explosion: a digital response to coronavirus. *Medium*. Disponível em: <https://livro.pro/xdqp6d>. Acesso em: 14 ago. 2020.

DESIDÉRIO, Mariana. A pandemia colocou 2,2 mil faculdades privadas em risco. Qual o plano B? *Exame*. Disponível em: <https://livro.pro/qcn4x7>. Acesso em: 14 ago. 2020.

EBERHARDT, Molly Jamieson. 5 innovative models to improve education outcomes. *Devex*. Disponível em: <https://livro.pro/ji2bdk>. Acesso em: 14 ago. 2020.

G1. Educação online: como o coronavírus será catalisador para a conectividade no mundo. *G1*. Disponível em: <https://livro.pro/3znxnr>. Acesso em: 14 ago. 2020.

HERNANDEZ, Daniela; TOY, Sarah; McKAY, Betsy. How exactly do you catch Covid-19? There is a growing consensus. *The Wall Street Journal*. Disponível em: <https://livro.pro/rgityk>. Acesso em: 14 ago. 2020.

HOLON IQ. *$74B online degree Market in 2025, up from $36B in 2019*. Disponível em: <https://livro.pro/eav9yo>. Acesso em: 14 ago. 2020.

HOLON IQ. *2021 Global Learning Landscape*. Disponível em: <https://livro.pro/hgybpk>. Acesso em: 14 ago. 2020.

HOLON IQ. *Covid-19*. Global education outlook. Disponível em: <https://livro.pro/8fuxey>. Acesso em: 14 ago. 2020.

HOLON IQ. *Education in 2030*. The $10 Trillion dolar question. Disponível em: <https://livro.pro/t68o7y>. Acesso em: 14 ago. 2020.

HOLON IQ. *Education publishing and the $140B digital disruption*. Disponível em: <https://livro.pro/dqa3k7>. Acesso em: 14 ago. 2020.

HOPER EDUCAÇÃO. *A crise do Covid-19 e as instituições educacionais*. Disponível em: <https://livro.pro/9bx93f>. Acesso em 14 jul. 2020.

MATTOS, Laura. Risco de falência atinge metade das escolas pequenas e médias do Brasil, diz pesquisa. *Folha de S.Paulo*. Disponível em: <https://livro.pro/8raup9>. Acesso em 14 jul. 2020.

McKINSEY & COMPANY. *The future of work in Europe*. Disponível em: <https://livro.pro/6v8q5s>. Acesso em: 14 ago. 2020.

SAMBRANA, Carlos. XP Inc. vai construir uma sede no interior de SP e anuncia trabalho remoto para sempre. *Neofeed*. Disponível em: <https://livro.pro/2ke2wo>. Acesso em: 14 ago. 2020.

SCHROEDER, Bernhard. Disrupting Education. The Rise of K-12 Online and The Entrepreneurial Opportunities. *Forbes*. Disponível em: <https://livro.pro/rvb6er>. Acesso em: 14 ago. 2020.

TODOS PELA EDUCAÇÃO. *Educação na pandemia*: CNE fala sobre diretrizes para o aproveitamento do horário letivo no contexto da pandemia. Disponível em: <https://livro.pro/f5b9sr>. Acesso em: 14 ago. 2020.

TODOS PELA EDUCAÇÃO. *Educação na pandemia*: ensino a distância dá importante solução emergencial, mas resposta à altura exige plano para volta às aulas. Disponível em: <https://livro.pro/699wum>. Acesso em: 14 ago. 2020.

TODOS PELA EDUCAÇÃO. *Educação na pandemia*: ensino remoto e volta às aulas devem usar a Base Nacional como bússola, diz CNE. Disponível em: <https://livro.pro/xfhv3g>. Acesso em: 14 ago. 2020.

TODOS PELA EDUCAÇÃO. *Nota técnica*: O retorno às aulas presenciais no contexto da pandemia da Covid-19 (versão para debate e em contínua construção). Disponível em: <https://livro.pro/nih439>. Acesso em: 14 ago. 2020.

TODOS PELA EDUCAÇÃO. *Todos pela educação no Roda Viva*: educação durante e após a pandemia. Disponível em: <https://livro.pro/zyhc5z>. Acesso em: 14 ago. 2020.

TODOS PELA EDUCAÇÃO. *Webinário sobre educação durante a pandemia do novo coronavírus*. Disponível em: <https://livro.pro/t9xryc>. Acesso em: 14 ago. 2020.

THE CONVERSATION. *Compare the flu pandemic of 1918 and Covid-19 with caution* – the past is not a prediction. Disponível em: <https://livro.pro/p2iz76>. Acesso em: 14 ago. 2020.

UNESCO. *Education*: from disruption to recovery. Disponível em: <https://livro.pro/pv3dpb>. Acesso em: 14 ago. 2020.

UNESCO. *Education transforms lives*. Disponível em: <https://livro.pro/xf6sxh>. Acesso em: 14 ago. 2020.

UNESCO. *Leading SDG 4* – Education 2030. Disponível em: <https://livro.pro/aandkj>. Acesso em: 14 ago. 2020.

UNESCO. *The initiative*. Disponível em: <https://livro.pro/mhecjx>. Acesso em: 14 ago. 2020.